Heloisa Andrade

SABÁTICO 45

*Crônicas, histórias e dicas
sobre um período transformador*

Copyright ©2016 by Poligrafia Editora

Sabático 45
Crônicas, histórias e dicas sobre um período transformador

ISBN 978-85-67962-06-1

Autor *Heloisa Andrade*
Coordenação Editorial *Marlucy Lukianocenko*
Projeto gráfico, Capa e Diagramação *Pedro Bopp*
Fotos *Heloisa Andrade*
Revisão *Roberto Leite*

```
Dados Internacionais de Catalogação na Publicação (CIP)
(Câmara Brasileira do Livro, SP, Brasil)

Andrade, Heloisa
   Sabático 45 : crônicas, histórias e dicas sobre
um período transformador / Heloisa Andrade. --
1. ed. -- Cotia, SP : Poligrafia, 2016.

   ISBN 978-85-67962-06-1

   1. Autoajuda 2. Crônicas brasileiras 3. Estilo
de vida I. Título.

16-07637                                    CDD-869.8
         Índices para catálogo sistemático:
   1. Crônicas : Literatura brasileira   869.8
```

Poligrafia Editora e Comunicação Ltda-Me.
www.poligrafiaeditora.com.br
E-mail: poligrafia@poligrafiaeditora.com.br / poligrafiaeditora@uol.com.br
Rua Maceió, 43 – Cotia/SP – CEP 06716-120
Fone: 11 4243.1431/ Cel. 11 99159.2673

Todos os direitos reservados.
Este livro não pode ser reproduzido sem autorização.

*Tenho apenas duas mãos
e o sentimento do mundo.*

Carlos Drummond de Andrade

Prefácio

Conheci a Heloisa quando ela já havia terminado seu período ou ano sabático. Então, não posso dizer quem ela era antes disso. Posso afirmar, com muita certeza, que a pessoa que encontrei tinha brilho nos olhos, que ofusca. Ela falava, me contava sobre os percalços de suas decisões, e aqueles olhinhos continuavam sorrindo, sempre. A história do livro, então, virou personagem coadjuvante da nossa conversa e quem brilhou foi a Heloisa-cheia-de-vida que se apresentava para mim.

Posso dizer, dessa forma, que a conheci de duas maneiras: pessoalmente e pela sua trajetória, depois de mergulhar, num único sopro, em seu livro. Apesar de a vida tê-la levado para o design e depois para o empreendedorismo – ela teve uma agência por anos –, Heloisa sempre se encontrou nas palavras. Ela chegou até a ganhar um carro e uma mesada de um ano (que baita prêmio e que história!) em um concurso de literatura há alguns anos. Mas o mais interessante ou admirável da trajetória da Heloisa é que ela teve a coragem de mudar a vida quando não havia nada, de fato, errado. Quer dizer, não havia nada de errado para quem olhasse de fora. A empresa, da qual era sócia, estava muito bem. A vida caminhava, o dinheiro entrava. Mas ela se deu conta que não tinha algo essencial: ela mesma. E foi então que partiu em busca disso e viajou – foi passar um tempo longe de casa, das referências, do conforto das certezas e do chão firme. Falando assim parece simples, eu sei. Mas os detalhes e percalços disso, ela conta muito bem ao longo das próximas páginas.

Heloisa foi para Dublin – e eu adorei a escolha. E lá viveu um encontro muito bacana da Heloisa com a Heloisa. "Baita coragem, mas não é para mim", você pode dizer. Será? Quantas das nossas escolhas são realmente feitas a partir das nossas vontades mais legítimas? E não pelo o que os nossos pais desejam – ou almejam – para a gente; o mercado de trabalho impõe; as regras sociais ditam. Qualquer um deve, ou melhor, precisa ser apresentado para si mesmo – por mais estranho que isso possa parecer. E a vida é feita disso: dos nossos encontros, desencontros, procuras, medo, indecisão, coragem, aposta. Heloisa precisou de um ano sabático para fazer isso. Foi o caminho que ela encontrou. E você pode aproveitar demais tudo o que ela aprendeu. Porque o livro traz um passo a passo bem interessante e completo de como realizar um ano sabático, independentemente da cidade escolhida.

Mas o principal está mesmo nas entrelinhas dessa obra: ter a coragem de se mostrar vulnerável, não ter vergonha de chorar dentro de um ônibus porque recebeu um "não" do locatório do apartamento que você queria tanto alugar. Heloisa fez isso e muito mais. Ela se despiu completamente de suas camadas mais rígidas, dos seus preconceitos e se abriu para as incertezas de um jeito belo, delicado, autêntico. E aprendeu, longe de casa, a olhar novamente para o mundo com jeito de criança: curiosa, atenta, leve. Ao final do meu encontro com a Heloisa, fiquei com a sensação de que ela não teve só um ano sabático, ela renasceu e optou, como ela conta em determinado trecho do livro, "a ter muitas vidas dentro de uma mesma vida". E isso é lindo.

Ana Holanda

Ana Holanda é jornalista, editora-chefe da revista Vida Simples e criadora do projeto no Facebook Minha Mãe Fazia.

Agradecimentos

Gostaria de agradecer a todos que fizeram parte desse período tão transformador e gratificante na minha vida.

Obrigada à minha família, que me apoiou incondicionalmente antes, durante e depois do sabático. Vocês foram incríveis e sabem o quanto sou agradecida e continuarei para sempre. Aos amigos, que reencontrei com alegria na volta e aos que conheci durante o sabático e se integraram nessa história a partir daqui.

E o meu muito obrigada também às pessoas envolvidas na viabilização do livro: o pessoal da editora, do design, da imagem, da divulgação. Aqui cabe um agradecimento especial à Marlucy, a editora; que apoiou, acreditou e viabilizou o projeto, assim que descrevi a estrutura imaginada para o livro. Obrigada por nunca duvidar, quando eu mesma tinha as inseguranças naturais de autora estreante.

No livro falo bastante sobre o significado de *Sabático*, enquanto pausa estratégica no âmbito profissional. E por isso quero agradecer especialmente duas pessoas que foram fundamentais para que a minha experiência tenha sido tão positiva e tranquila. Agradecê-las e homenageá-las publicamente ainda é pouco, mas é a forma que encontrei para retribuir a generosidade e a amizade verdadeira que demonstraram na vida real.

A primeira é a Daniela. Mais que uma colega de trabalho, a Danix, como eu costumo chamá-la, é uma amiga dos tempos de adolescência. Estávamos em um jantar para comemorar o aniversário dela (já adianto que o presente maior foi meu). Conversávamos sobre a vida, quando dividi com ela o meu sonho sobre fazer um ano sabático. Trabalhávamos juntas na agência há mais de 3 anos e, mesmo sabendo que a minha saída significaria para ela uma carga excessiva de trabalho, o que ouvi foram palavras de incentivo e apoio. Pura generosidade. Se daria prosseguimento aos planos do sabático se não houvesse aquela conversa, não sei dizer. Só sei que meu coração ficou leve e depois desse jantar quase não tive mais dúvidas. Danix, obrigada! Não só por isso, você sabe, te admiro muito, você é uma verdadeira e rara amiga. Obrigadix!

A outra pessoa que tenho muito a agradecer é meu amigo Christian. Amigo e hoje ex-sócio. Ele foi fundamental para uma suave e bem sucedida experiência do Ano Sabático. Da preparação organizada, a uma vivência tranqüila, até um pós-sabático sem traumas ou desassossegos. Naturalmente, minha saída causou mudanças estruturais na empresa, o que fez com que ele tivesse trabalho adicional para reorganizar as equipes, fazer o planejamento estratégico para o ano posterior, etc. Todo o tempo ele apoiou minha decisão na perspectiva do amigo, até sonhando junto comigo os planos de viagem, os cursos que eu faria, os lugares que iria visitar. E nos momentos do planejamento sobre a empresa, sempre profissional e realista, honesto e confiável, como tinha sido durante os dez anos da nossa sociedade. Fico pensando que tenho sorte por ter pessoas assim na minha vida. Quero muito retribuir e, por enquanto, esse agradecimento é uma das formas que encontrei. Obrigada Chris, continuaremos a celebrar os capítulos que ainda virão.

Nota ao leitor

Ao longo da minha vida houve uma luta constante entre os desejos do coração e a prudência da razão. Tentava vencer a dualidade, mas no final acabava sempre priorizando a razão em detrimento do coração.

Fazer este Ano Sabático foi a forma mais contundente que encontrei para inverter essa ordem. Coloquei o risco do sonho à frente da segurança do caminho conhecido. Dei prioridade ao coração e permiti que o desejo falasse mais alto que a sisuda razão.

Neste livro você também poderá escolher entre a emoção ou a razão. Melhor ainda: poderá integrá-los.

Nas seções denominadas "Coração", você encontrará crônicas sobre o que foi sentido e vivido. Histórias cotidianas sobre as alegrias, as dúvidas, as angústias e os deleites de um período sabático.

Nas seções da "Razão" vem a parte prática para ajudar na tomada de decisão e na experiência do seu sabático. O capítulo "Pergunte a si mesmo" traz questionamentos para ajudar a refletir sobre o que te motiva, o que te preocupa e como superar cada um dos possíveis obstáculos – reais ou imaginários. Há ainda dicas, *checklists*, diagramas, relatos, listas e tudo o que considerei útil para tornar sua experiência mais fácil e compensadora.

Escrevo este livro ao final do meu Ano Sabático e posso dizer que a experiência valeu cada centavo investido, cada obstáculo superado, cada limite desafiado. Volto com sonhos renovados e torço para que, em breve, você também possa vivenciar essa gratificante experiência.

Boa leitura!

A LEITURA DESTE LIVRO PODE SER FEITA DE VÁRIAS MANEIRAS

- Seguir a sua sequência original.

- Acompanhar um dos quatro blocos das fases cronológicas do sabático: motivação/preparação/vivência/pós-sabático.

- Ler aleatoriamente, uma vez que cada crônica contém uma história independente, embora relacionada com as demais.

- Eleger apenas as seções comandadas pela lógica ou pela emoção, denominadas, respectivamente, *Razão* e *Coração*.

- Se estiver interessado na parte prática para organizar seu período sabático, dentro das seções RAZÃO você encontrará textos com caráter informativo e algumas ferramentas úteis. Cada bloco RAZÃO é aberto com o *"Pergunte a si mesmo"*, contendo questões que poderão auxiliar no exercício do seu autoconhecimento. Há ainda, *checklists*, diagrama do planejamento, dicas e a diversidade das histórias de quem vivenciou a experiência.

- Ao final, um espaço em branco, para você completar com as suas impressões, pensamentos ou, quem sabe, com a sua própria vivência sabática.

- RINGSEND, DUBLIN
- REYKJAVIK, ICELAND
- NEWQUAY, UK
- SWANSEA, WALES
- HAMBURG, GERMANY
- MONTEVIDEO
- CAPE TOWN, SOUTH AFRICA
- GLASGOW, SCOTLAND

SUMÁRIO

Vamos falar sobre períodos sabáticos? Sim. 14

MOTIVAÇÃO

CORAÇÃO
45, o final de um ciclo 18
Três anos antes 21
A decisiva aulinha de inglês 24
Karoshi 28
Alice no ano das maravilhas 31

RAZÃO
Pergunte a si mesmo 38
Afinal, o que é um período sabático? 40
Sabático não é fuga. Sabático não é férias 42
A carta secreta 45
Viver, simplesmente 47

PREPARAÇÃO

CORAÇÃO
A Guerra de Pandan e o espírito da coragem ... 52
O viajante despojado ... 56
Os monges sem cabeça ... 59
Em busca da ilha perdida ... 61

RAZÃO
Pergunte a si mesmo ... 66
Decisão tomada, hora do planejamento ... 68

As três dimensões ... 69
Dimensão Social ... 70
Dimensão Profissional ... 74
Dimensão Prática ... 79
Checklist da dimensão prática ... 84

As variáveis do planejamento ... 86
Objetivos ... 87
Estilo ... 89
Habilidades ... 91
Local ... 93
Período ... 95
Finanças ... 96

Dicas de economia, por alguém de humanas ... 100
Diagrama visual do planejamento ... 102
Inicie o plano do seu sabático ... 104

VIVÊNCIA

CORAÇÃO
Quase emo 108
Um voo no escuro 111
A pessoa é para o que nasce 117
Velhice precoce, juventude tardia 120
Identidade cultural *versus* identidade pessoal 123
Um dia comum 127
Eternidades e reencontros 130

RAZÃO
Pergunte a si mesmo 134
Finanças na vivência do sabático 136
Os 45 fatos sabáticos 140

PÓS-SABÁTICO
Campbell explica 150
Eu gosto de queijo, não mais de sol 152
Estamos em obra 154
Sabático, seu lindo, adeus e obrigada 156

Seu sabático 158

Vamos falar sobre períodos sabáticos? Sim

E vamos conversar também sobre medos, decisões, finanças, emoções, viagens, vida. Sobretudo, vamos refletir sobre a liberdade. Eita palavrinha bonita essa: LIBERDADE.
Para mim, liberdade não significa falta de compromisso. Ao contrário, ela traz a responsabilidade de estar presente no que foi escolhido, simplesmente porque foi você quem decidiu; não está ali por uma circunstância imposta.

Proponho pensarmos juntos sobre essa tal liberdade de usufruir de tempo e recursos para repensar a vida, descansar e, quem sabe, realizar projetos pessoais. A liberdade de buscar a si próprio numa jornada interior.

O período sabático vai te conduzir na viagem de desenvolvimento de novas habilidades, de estudos, de ócio, de passeios e descobertas. Há incontáveis possibilidades, separadas ou combinadas. Poderá trazer alegria, desassossego, calma, insegurança, revolta, alívio, consciência, medo, solidão, pertencimento, reconciliações, separações, amores, saudades...

Quando ficam sabendo que acabei de voltar de um ano sabático, muitas pessoas têm me perguntado o que é preciso para fazer o seu. A resposta é simples. Considero que o mais importante para ser bem-sucedido em um período como esse é rechear os bolsos, as malas e o coração com duas atitudes essenciais: flexibilidade e desapego.

Pois é disso que se trata. Sair da zona de conforto em direção ao desconhecido. Lutar bravamente com a tendência natural que temos de apego ao que é familiar, mesmo que aquilo esteja nos fazendo sofrer.

Ser flexível e forte. Ser desapegado e amoroso. Com isso em mente, tudo o mais se encaixa.

Se você gosta de mudanças, ótimo. Vai amar fazer um sabático.

Se acha que gosta de ser desafiado, mas não tem praticado muito esse exercício, ótimo. Está aí uma excelente oportunidade para adquirir essa habilidade e incorporá-la no seu currículo de vida.

Agora se você está com medo de tentar, ótimo também. Gostar de conviver com o novo é uma virtude que pode ser adquirida. Com um pouquinho de ousadia, você chega lá. E tenho certeza que, na volta, ficará feliz consigo mesmo por ter se permitido viver esse algo além.

45
O final de um ciclo
Os imponderáveis ciclos da vida

Nossa vida, como tudo mais na natureza, se dá em ciclos. Diferentes contagens, inúmeras possibilidades e como bem disse Nietzsche*, sempre o eterno retorno.

Para a numerologia, a contagem dos ciclos é organizada em blocos de nove anos, onde o ano 1 representa o ciclo de começos/pioneirismo e o 9 é tido como o ciclo de renúncias e encerramentos. Entre esses, temos o 2, que reforça a sensibilidade/parcerias; o 3, que é o ciclo da vontade e da comunicação, o 4 é caracterizado pelo avanço e pelo esforço; o 5, que é fortemente associado a mudanças e experiências; o 6, ligado a questões familiares e ao equilíbrio; o 7, focado na mente e na espiritualidade, e o 8, relacionado à autonomia e à prosperidade.

* Friedrich Wilhelm Nietzsche, filósofo alemão do século XIX, autor do conceito filosófico Eterno Retorno, em que um dos aspectos diz respeito aos ciclos repetitivos da vida: estamos sempre presos a um número limitado de fatos que se repetiram no passado, ocorrem no presente e se repetirão no futuro, como, por exemplo, guerras, epidemias, etc.

Já segundo a antroposofia, a linha de pensamento introduzida no início do século 20, pelo austríaco Rudolf Steiner, nossa vida deve ser contada em setênios. Nos três primeiros, que compreendem o período entre o nascimento e os 21 anos, nosso foco é a formação do corpo e da personalidade. No segundo grupo de três setênios, dos 21 aos 42 anos, é o tempo da mente e da vida prática, no qual decidimos nossas carreiras, casamentos e estilo de vida em sociedade. E nos últimos setênios, dos 42 anos em diante, voltamos nossa atenção para a espiritualidade, às questões da maturidade e à compreensão mais profunda da vida.

Claro que estou simplificando a história toda, e quem tiver interesses esotéricos pode estender a pesquisa por si próprio. Luas, estações, períodos de plantio e colheita, marés, celebrações, menstruações e tantos outros fenômenos obedecem a ciclos, quer estejamos conscientes deles ou não.

Portanto, uma boa pergunta para facilitar a decisão sobre fazer um sabatico é: em que ciclo pessoal me encontro?

O meu era um ciclo propício à realização de um sabático. Eu estava com 45 anos, de onde poderia concluir que foi o número 9 que me guiou, devido às suas características relacionadas a renúncias e encerramentos. Também poderia alegar que foi culpa do 7º setênio, justo aquele que nos faz lembrar que, se temos entre 42 e 49 anos, deveríamos estar voltados para os assuntos da espiritualidade e começar a buscar novas motivações para a próxima fase que se iniciará aos 50.

Percebo, no entanto, que o que realmente pesou na minha decisão foi o meu ciclo emocional.

Estava naquela fase da vida na qual tinha realizado boa parte dos sonhos ligados ao conforto e à segurança. Tinha vivido amores verdadeiros e amizades sinceras. Havia entendido (na teoria) que não temos muito controle sobre as coisas e menos ainda sobre as outras pessoas.

Sabia que, na prática, estava sob o domínio do automatismo e me encontrava em uma zona um pouco perigosa: a tal zona do conforto. Precisava de novos desafios, porque a minha vida estava almofadada demais.

"Salas almofadadas são para os loucos que se debatem contra as paredes e se autoflagelam se não estiverem protegidos. As pessoas sãs podem conviver com paredes duras, ou melhor ainda, podem viver ao ar livre."

Palavras que me tocaram. Foram pronunciadas por um monge budista em um retiro do silêncio que participei um ano antes da minha decisão. Nunca mais as esqueci. No retiro de nove dias (olha o nove aí outra vez), as únicas falas permitidas eram as palestras desse monge uma vez ao dia. No restante do tempo, em meditação, eu ficava a ouvir apenas meus ruidosos pensamentos. Por que nada silenciava aquela movimentada estrada de vazios?

Três anos antes
O gatilho invisível

Era o ano de 2011 e a vida seguia. Muito trabalho, suficiente namoro, boas amizades, algumas viagens, um pouco de diversão. Tudo normal, sem sobressaltos. É bem verdade que lidávamos com uma situação delicada em família: meu pai vinha lutando contra um câncer de pulmão há 2 anos. Já tinha concluído o tratamento e estava tudo bem. Monitorava semestralmente os exames, enquanto aproveitava para pescar no rancho, em Minas Gerais, que ele e minha mãe tanto gostavam.

Continuava amando a vida (tinha até comprado um carro novo para desfrutar melhor as viagens) e imaginávamos que continuaria assim por muito tempo. Mas em setembro, muito perto do meu aniversário, inclusive, meu pai teve uma recidiva, foi internado e não voltou mais para casa.

Foram dois longos meses. Dias tristes em que ele partia lentamente, enquanto nós, da família, nos sentíamos impotentes diante da consciência sobre a finitude da vida.

Eu, que, por graça do destino nunca tinha vivido nada parecido, agora conhecia as noites em hospitais, vendo quem eu amava sofrer, e, acima de tudo, tendo contato com as dores do mundo; famílias em pedaços, muitas pessoas sofrendo e todos ali expostos às suas fragilidades.

É impossível não sair transformado de um episódio como esse. A menos que você tente se blindar dos difíceis sentimentos, é bem provável que sua noção de prioridades seja subvertida.

Nesse período continuei trabalhando, fazendo o melhor que podia, mas claramente parei de exigir os 100% de qualidade total que impunha a mim mesma no âmbito profissional. Contei com muita ajuda do meu sócio e de uma grande amiga que trabalhava comigo. Apoiei-me na compreensão dos colegas e no suporte emocional dos amigos e familiares.

Passados uns meses de luto e restabelecida a rotina anterior, achei que aquele ritmo frenético no qual estava mergulhada, começava a perder o sentido. Independentemente da paixão que sempre senti pela minha profissão, passei a questionar se trabalhar tanto e viver sempre estressada fazia parte do modelo da minha área profissional ou se era uma característica cultivada por mim.

Havia me perdido da pessoa que fui aos 18 anos, quando praticava esportes, adorava cinema, tinha tempo para os amigos e para variadas paixões como fotografia, música, literatura, vôlei, festas, dança, patins e tantos outros interesses.

Surgiu uma certa inquietude. O que deveria ser vivido e o que abandonar? Naquele momento eu não conseguia enxergar o que estava buscando de fato. Só tinha a sensação de que algo se transformaria, dentro ou fora de mim. E como a mudança externa é sempre mais fácil, decidi mudar de cidade.

Com isso em mente, eu e meu sócio montamos uma estratégia para viabilizar a minha mudança para o Rio de Janeiro, com projetos, clientes e alguns objetivos comerciais por lá. Viabilizamos a transição através de treinamento na equipe e um acordo pelo qual eu trabalharia pela internet 4x1, ou seja, iria a São Paulo para reuniões presenciais um dia por semana e nos outros trabalharia a distância. Resolveria tudo pela internet e por telefone.

Aluguei um apartamento e lá fui eu em busca da sonhada qualidade de vida, assunto que supostamente os cariocas conhecem melhor do que nós paulistanos. A tentativa foi boa: fiz novos amigos, curti um pouco da cidade, da praia e do clima descontraído.

Só que a minha mente ainda não tinha cedido aos apelos do desapego e o resultado foi que acabei mais cansada do que antes. As viagens semanais e a alta demanda de projetos me induziam a trabalhar aos finais de semana.

Curtia a brisa do ar condicionado, enquanto via (pela janela) as pessoas se divertindo lá fora. Após um ano desisti e voltei para o apartamento de São Paulo.

A decisiva aulinha de inglês

*Sobre aquelas pessoas que passam
na nossa vida só para apertar um botão*

Alguns conhecidos botões:
"Muda já"
"Acorda"
"Se liga"
"Foda-se"

Tive todos esses acionados alguma vez. Para o bem ou para o mal, já permiti que essas interferências modificassem algo em mim.

No caso, o botão do "Muda já" e a consequente ideia de fazer este Ano Sabático aconteceram numa aulinha de inglês.

Frequentava uma escola de inglês pela quinta ou sexta vez na vida. Recuso-me a contar ao certo, pois tenho um pouco de vergonha por sempre ter desistido, usando a desculpa do cansaço e da correria diária.

No entanto, desta vez foi diferente. Não foi o professor quem me ajudou e sim um colega da mesma idade que, assim como eu, lutava contra a própria resistência em aprender o idioma. Tínhamos então 43 anos e desta vez faríamos um curso cuja metodologia era dirigida exclusivamente a adultos.

Não aceitavam crianças ou adolescentes, pois segundo a teoria da escola, adultos não deveriam perder tempo e neurônios com palavras erradas. Melhor seria usar a memória e o tempo disponíveis para aprender o que é certo uma vez só. Nesse caso, para fazer a lição não havia problema em olhar as respostas no fim do livro, afinal éramos adultos, a quem queríamos enganar? Além da parte escrita, praticávamos muita conversação para perder a inibição e o medo de errar. Como os adultos são complicados! De qualquer forma, gostei do método. *Let's try again*.

As aulas eram aos sábados, das nove ao meio-dia, em uma época em que eu trabalhava quase todos os finais de semana. O meu colega também era do tipo *workaholic*, com o agravante de que tinha esposa, filhos adolescentes e cachorros que ansiavam pela sua companhia.

Se havia alguma coisa que tínhamos em comum era o tempo. Ou melhor, a falta dele. E foi em uma dessas aulas, em um sábado no mês de março, que o tema para a prática da conversação foi justamente esse nosso velho conhecido: o tempo.

Deveríamos conversar sobre a importância do tempo na nossa vida. Quanto tempo queríamos viver? Como estávamos aproveitando o tempo disponível? O que faríamos se pudéssemos viver até os 200 anos?

A primeira frase que me veio à mente foi *"too lazy!"*, ou no bom português, "que preguiça!".

Eu estava realmente cansada e não pensava em chegar aos 80 anos, que dirá aos 200. Minha vontade era ir embora desse planetinha muito antes, sem sofrer e sem causar sofrimento aos que amo. Não havia ali nenhuma tendência suicida, só estava exausta, e a perspectiva de ter uma vida tão longa me pareceu um grande sacrifício. Foi mais ou menos isso o que eu respondi.

Quando chegou a vez desse meu colega ele respondeu que adoraria viver 200 anos. Até mais se possível. E eu:

– *Why?* Uai? Para que viver tanto? O que quer fazer com todo esse tempo?

– Viver várias vidas, disse ele. Realizar um monte de coisas que desejo e sei que não terei tempo. Aprender música, conhecer muitos lugares, brincar com meus netos e bisnetos, experimentar outras profissões, entender outras culturas, ter tempo de finalmente praticar o inglês e aprender novos idiomas... enfim, viver.

Uau! *Pow*! Senti um arrebatamento. Era uma visão tão simples.

Quais recursos precisaria para viver daquela forma? Seria necessário obter a impossível longevidade ou poderíamos fazer parte daquilo tudo com os anos que ainda nos restavam? Seria possível experimentar outra vida nessa vida?

Aquela visão era totalmente possível e me encantava. Ocorreu-me que era esse o pensamento que já morava comigo há no mínimo três anos, sem ser identificado. Foi isso que tentei fazer quando fui morar no Rio; era o que intuía quando me matriculava em mais um cursinho de inglês. Um desejo que existia no fundo da alma e agora emergia com força e lucidez. Eu queria experimentar um novo modelo de vida, ter tempo para viver outros sonhos, descobrir o que poderia me motivar a viver aqueles tais duzentos anos ou pelo menos os próximos cinquenta.

Uma clara referência à crise da meia-idade, você deve estar pensando. Eu concordo.

Mas você pode ser bem mais jovem e ainda assim também questionar esse tipo de coisa. Talvez você já tenha realizado os sonhos antigos e agora queira descobrir novos desafios, apesar dos seus trinta e poucos anos.

Acho que não importa o gatilho que tenha disparado esse desejo, qual foi o botão que o acionou. O interessante é sentir a sacudida e fazer algo a respeito.

Estava tomada a mais simples e óbvia decisão: eu faria um Ano Sabático.

PS:
Esse colega nem imagina o quanto nossa conversa me afetou. Nunca mais nos vimos e não sei por onde anda. Não o procurei porque prefiro acreditar que esses breves encontros cumprem seu papel e fim.

Pensando melhor, talvez um dia eu faça uma busca em alguma rede social só para agradecer e dizer que, apesar do nosso pobre vocabulário em inglês, essa foi uma das mais eloquentes conversas que tive nos últimos tempos.

Em tão pouco falado, tanto foi dito. Isso porque certas verdades são mais sentidas do que ouvidas.

Karoshi

*Quando "estar morto de cansaço"
é mais do que uma expressão*

A primeira vez que ouvi a palavra Karoshi foi no documentário "Happy", concebido e dirigido por Roko Belic. Nele, a busca pelas causas da felicidade genuína vão desde o levantamento de pesquisas nos campos da sociologia, neurociência e psicologia até a observação dos comportamentos nas diferentes culturas ao redor do mundo.

Foi nesse documentário que descobri existir uma síndrome que afeta muitos homens no Japão. Uma doença fatal chamada Karoshi, traduzida como "morrer de tanto trabalhar". Fiquei espantada e não acreditei muito na informação. Ao pesquisar fiquei mais espantada ainda. A doença não só existe como é considerada uma epidemia, classificada em uma categoria específica dentro do grupo doença ocupacional. Uma morte súbita provocada por extremo estresse que acarreta derrame ou ataque do coração.

Todos concordamos que o Japão possui uma história de superação inquestionável. Quando, após a Segunda Guerra Mundial, o país mobilizou-se para a reconstrução, a ênfase na prosperidade através do trabalho incansável foi a tônica. Desde então, o país gerou resultados que causam inveja e admiração no mundo ocidental. Mas a que preço eles conquistaram esse status? Qual a medida entre conquistar a prosperidade e morrer de trabalhar?

No ocidente essa doença ainda não foi classificada como uma síndrome específica. Em compensação, por aqui vivemos o século da depressão. Nunca se comprou tanto antidepressivo e nunca tantos jovens viveram crises existenciais. Tenho vários amigos, pequenos empresários como eu ou funcionários de grandes corporações que passam ou já passaram pela depressão. São profissionais comprometidos que, uma vez dentro da estrutura, encontram dificuldades para vivenciar o equilíbrio. Ou se está lá 100% e faz o que tem de ser feito ou abre mão desse esquema, reavalia o *"modus operandi"* e busca alternativas mais compatíveis com os sonhos de cada um.

Eu sou o exemplo de alguém que tem se debatido a vida inteira com o tema do "equilíbrio". Em todos os aspectos.

Em algumas fases, como demais, em outras, faço dietas radicais. Às vezes passo meses trabalhando 12 horas por dia, inclusive aos sábados e domingos. Depois fico doente e assisto 10 filmes em um único fim de semana. Sou o que chamam de "intensa" e muitas vezes vou tão fundo nas minhas decisões que acabo fazendo um estrago.

Por essa razão, vivo exausta. O que me atrai no princípio é o mesmo que me aborrece no final. Só muda a dose; o remédio que um dia se torna o veneno.

Decidi que não quero o epitáfio abaixo:
'Nasceu do amor, viveu do trabalho, morreu de karoshi'

Levo para meu ano sabático a ousada meta: enxergar com mais clareza a importância que o trabalho tem na minha vida e encontrar a fórmula pessoal para alcançar o precioso equilíbrio.

Alice no ano das maravilhas

Desde muito nova sou apaixonada por livros. Em cada fase da vida fui obcecada por determinado estilo ou autor. Lembro-me de quando li *O Corvo*, de Edgar Allan Poe; fiquei viciada em realismo fantástico. Depois a leveza com a poesia de Manoel de Barros e novamente a obscuridade com os crimes e castigos do Dostoievski. Um dia encontrei a mente liberta e a vontade de viajar com as aventuras de Marco Polo, do Ítalo Calvino. Tantos vícios vieram depois.

Um deles, estudar os livros. Passei a fazer anotações, sublinhar palavras, encontrar paralelos e interpretar metáforas.

Como não perdi a mania, ao pensar nesse projeto do sabático inevitavelmente me lembrei de uma história: *Alice no País das Maravilhas*, de Lewis Carroll.

Li novamente e terminei convencida de que essa aventura é a metáfora perfeita para um período sabático. O que moveu Alice? Por que ela caiu no assustador e excitante buraco desconhecido? Alguma semelhança com o sentimento de sair em busca do sabático seria mera coincidência?

Acredito que Alice foi movida pela curiosidade e a certeza de que havia algo mais a ser explorado na sua vida. Entediada, vê o coelho passar apressado. Nesse momento estava sentada ao lado da irmã, que lia um livro sem texto nem figura. Para que serve um livro sem imagens nem palavras? perguntava a si mesma.

"*Alice começava a se aborrecer de não fazer nada. Estava sentada no banco do jardim ao lado da irmã, que lia um livro. Diversas vezes dera uma olhadela para o livro, mas acabara perdendo o interesse. Afinal de contas, que graça tem um livro sem desenhos nem diálogos? pensava ela.*"

De repente, acontece algo que chama sua atenção: ela vê um coelho branco passar apressado.

E aqui encontramos o primeiro grande tema do livro: o tempo, representado pelo coelho que é fugidio e corre rápido bradando: estou atrasado, estou atrasado...

Nós, Alices desse sabático, também vamos em busca de um mundo desconhecido, movidos pela curiosidade e pela sensação de que o tempo está passando rápido. Não encontramos sentido em permanecer lendo um livro sem figuras nem palavras. Deve haver algo além.

Depois de se atirar na toca de coelho, Alice descobre que na verdade não é só uma toca, e sim um grande poço, com prateleiras cheias de livros, quadros e objetos estranhos, que nunca tinha visto antes. Até que aterrissa em um átrio e descobre que há um belo jardim atrás de uma porta. Vê isso pelo buraco da fechadura, mas seu tamanho atual não permite que passe. Para conseguir abrir a porta, terá que se adequar a uma nova configuração de espaço. Não se cabe mais.

Aí encontramos outro importante tema: a questão do crescimento através da vivência e da experimentação do novo.

O crescimento que a mudança pode trazer, apesar de com ela vir também um lago de lágrimas.
Você experimenta a sensação de não saber o que vai encontrar no seu sabático. Pensa que, se for para um país distante, encontrará barreiras do idioma e da cultura. Se ficar na sua própria casa, talvez o desafio seja ainda maior: crescer, beber e comer as novas experiências pode ser um pouco assustador para quem convive com você. Nesse caso, a sua determinação e foco terão de ser ainda mais fortes.

Mudar de tamanho, bebendo e comendo da vida é o único modo de chegar no jardim – para quem não se lembra, Alice encontrou um frasco escrito BEBA-ME, e ao beber diminui de tamanho. Mas esqueceu a chave em cima da mesa e agora já não consegue alcançá-la. Daí descobre um bolo com o bilhete COMA-ME, e ao fazê-lo fica com 2,5m de altura e por estar tão grande não consegue entrar no jardim. Chora um lago de lágrimas, onde quase se afoga ao ficar pequena novamente. Até que, finalmente, consegue chegar ao tamanho ideal. A partir daí vai encontrar diferentes personagens e interagir nesse novo mundo, participando de corridas em torno de si mesma, ouvindo histórias estranhas, crescendo e diminuindo outras vezes.

Nessa altura da história, encontramos a terceira grande questão do livro: a profunda busca de identidade pela qual todos passaremos um dia.

Em inglês ela se pergunta: *who in the world am I?* Algo como "quem sou eu nesse mundo?".

As referências estavam perdidas. Nesse novo mundo 2+2 não somam 4 e sim 25. Alice já não consegue recitar os poemas que havia decorado por toda sua vida. Ela terá de reaprender a viver nesse ambiente e descobrir quem é a verdadeira Alice.

Outra coisa que achei muito legal ao fazer esse paralelo, foi perceber que, durante a jornada, Alice percebe as mudanças mas não enlouquece com isso. Olha seus pés enormes e diz: *oh Deus, meus pés estão gigantes*. E segue em frente. Aproveita cada momento com seus ilustres novos amigos. É curiosa e despretensiosa em relação ao novo ambiente.

Participa de um chá da tarde com o chapeleiro maluco e depois de tantos enigmas finalmente chega ao jardim. E lá a aventura continua. O jardim não é um fim em si, mas o meio de chegar a novas e mais desafiadoras paisagens.

As mudanças vão acontecendo, os desafios enfrentados, as dificuldades transpostas, as lágrimas choradas. Circunstâncias extraordinárias acontecem até que os julgamentos cruéis da rainha (que ordena cortar a cabeça de quem a desagrade) provocam a rebeldia de Alice pela primeira vez na viagem. Ela diz para a rainha que não vai fazer o que se espera dela.

"Eu me recuso. Não calo a boca, não senhora. A boca é minha e falo quando bem quiser."

No julgamento de seus próprios valores você poderá dizer esse "Não calo". Eu me recuso a fazer o que não dá mais sentido à minha vida.

Então voltará do sonho para sua vida normal, com uma transformação interior que o fará amadurecer para começar a nova vida.

E assim, somos todos Alices nesse sabático. Com uma face um pouco assustada e temerosa. Outra, com muita sede de viver e de descobrir o novo sentido para as coisas neste mundo cheio de ordem e caos.

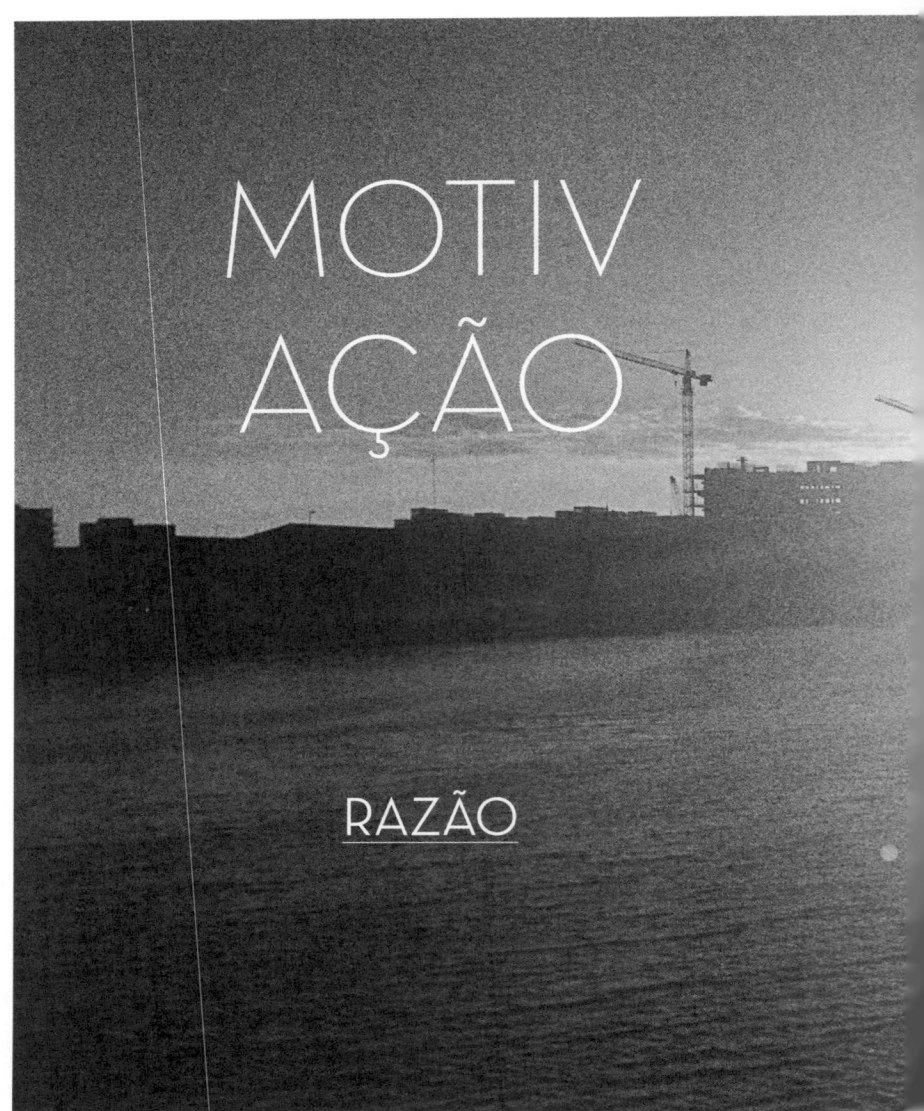

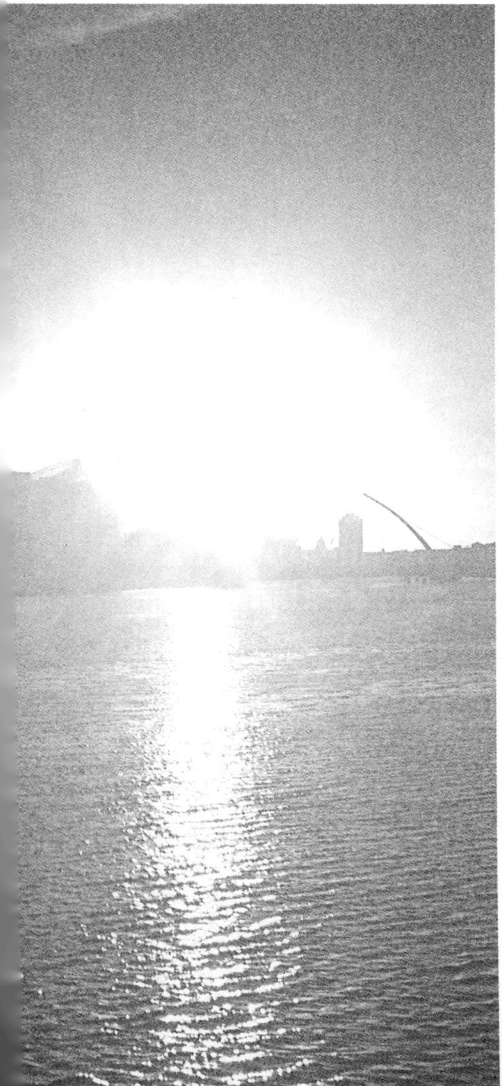

Pergunte a si mesmo

1
O que o trabalho representa na sua vida?

Realização pessoal ou só uma fonte de renda?

2
Quando vai se apresentar a um novo amigo, você se define pela sua profissão?

Usa o nome da empresa como uma espécie de sobrenome adicional?

3
Você lembra dos sonhos que tinha aos 15 anos de idade?

Já foram realizados?

4
Você lembra dos sonhos que tinha há 5 anos?

Continuam os mesmos?

5
O que te paralisa?
Quais os seus maiores medos?

6
O que te movimenta?
Quais as suas maiores motivações?

7
O que faria se soubesse que viveria até os 200 anos?

Afinal, o que é um período sabático?

Sabático ou shabbath: uma palavra antiga de origem hebraica, utilizada para designar o período de repouso da terra após o cansaço de anos de colheita

Nos Estados Unidos, há muito essa prática é comum entre os estudantes que finalizam o ensino médio. Em geral, usam o ano sabático para viajar, conhecer outras culturas ou dedicar-se ao voluntariado, antes de retomar os estudos na universidade. Configura-se como um tempo de renovação, um fôlego antes da nova etapa.

No trabalho, o período sabático também teve início no ambiente acadêmico, com o afastamento concedido aos professores, para que esses pudessem se dedicar a pesquisas, escrever livros ou descobrir novos interesses. Até que finalmente, o conceito chegou ao mundo corporativo, como uma opção para os profissionais das mais diversas áreas e hierarquias. Uma parada estratégica na carreira, dedicada principalmente ao autoconhecimento, à revisão de valores pessoais, à descoberta de novos sonhos e à realização de projetos pessoais.

Ao pesquisar sobre o sabático no Brasil, vejo que muitas pessoas usam o termo para definir um período fora do país para fazer intercâmbio ou pós-graduação na sua própria área de atuação. Ou ainda, jovens que pretendem viajar no estilo mochilão, sem no entanto terem vivenciado uma experiência profissional anterior. Tudo junto e misturado, em um conceito relativamente novo no país.

Ora, se você vai estudar visando a melhoria da sua qualificação ou se pretende viajar antes mesmo de construir uma carreira, na essência o conceito é diferente. É uma excelente decisão, porém não é um sabático propriamente dito.

Você pode argumentar que isso é apenas uma questão semântica. Pode até ser, mas queria combinar com o leitor que o que vamos explorar neste livro são as questões ligadas ao período sabático enquanto pausa planejada e estratégica, em algum momento da carreira.

Vamos falar da busca de novas perspectivas para a vida futura, refletir sobre o caminho feito até aqui e imaginar como seria usufruir dessa parada temporária num momento ativo e pulsante da vida profissional.

Sabático não é fuga.
Sabático não é férias.

Um aviso recorrente em todas as pesquisas que fiz antes de decidir sobre a minha parada estratégica

Sabático não é fuga e muito menos férias.

Concordo totalmente e ainda ouso dar um conselho: se puder, faça no mínimo um ano de terapia antes de se jogar no seu período sabático. Confie em mim: o autoconhecimento terá valor inestimável nessa decisão.

Quando organizei minha mudança para o Rio de Janeiro (*ver página 23 onde conto sobre a mudança para o Rio*), não queria parar totalmente, na verdade nem sabia que gostaria de fazer um ano sabático. Só achava que estava trabalhando demais e vivendo de menos. Então fiz tudo no impulso: viajei para lá no fim de semana para escolher um bairro. Voltei no próximo e já encontrei um apartamento para alugar. Preparei a transição na empresa e, em pouco mais de um mês, já estava pronta para ir. Acreditava que a simples mudança física me transformaria na nova pessoa que eu buscava ser. Estava iludida com a possibilidade da influência exterior provocar a mudança interior. Pensava que relaxaria se vivesse mais ao ar livre e se pudesse olhar para o horizonte todo fim de tarde.

Acontece que eu levei para o Rio a mesma personalidade *workaholic* que morava em São Paulo. Levei também minhas angústias e dificuldades. De fato, toda tarde eu ia ver o pôr do sol em Ipanema, porém ficava pensando no trabalho que teria que entregar na manhã seguinte. Caminhava no calçadão de Copacabana tendo discussões mentais com pessoas que estavam a 450km de distância.

Além disso, não me conhecia o suficiente para saber uma coisa tão elementar sobre meu corpo: eu e o calor úmido não seríamos bons amigos, nunca. Minha pressão caía rapidamente e eu ficava sem energia, estava lenta e muito cansada. Eu já me sentia assim desde sempre. Quando ia à praia nos fins de semana pensava que aquele tipo de sono era porque eu estava relaxando e tomando uma cervejinha. Até achava a sensação gostosa.

No Rio de Janeiro, morar e trabalhar sob o calor de 40 graus foi algo inacreditavelmente desconfortável. Acho até embaraçoso confessar que àquela altura da minha vida não conhecia minha pressão baixa, que caía mais ainda quando exposta às altas temperaturas.

Sempre que os terapeutas falam sobre a importância do autoconhecimento, pensamos em algo sofisticado, como enredos psicológicos complexos e traumas de infância. Mas o autoconhecimento pode ser algo mais básico. Prestar atenção aos seus ciclos orgânicos, identificar os alimentos que te dão energia, testar diferentes tipos de atividades físicas até encontrar as que te dão prazer e descartar as que só vão te exaurir. Sacar que tipos de pessoas te aborrecem e quais te fazem um ser humano melhor. Simples evidências, ali à nossa frente, muitas vezes desconhecidas porque não prestamos suficiente atenção em nós mesmos.

A terapia também ajuda com as questões mais profundas sobre a vida e suas razões. Fiz quase dois anos antes de ter certeza sobre o porquê e o quando do meu Ano Sabático. Esse mergulho me ajudou a entender o que tinha real valor e o que era apego emocional só por costume.

Hoje arrisco dizer que temos a chance de ser mais felizes se entendermos como a nossa mente e a nossa biologia funcionam, pois a partir daí, saberemos o quanto o nosso próprio mundo nos limita. Assim podemos decidir quais desses limites queremos expandir e quais deles vamos acatar.

Conhece-te a ti mesmo. Milenar sabedoria, valioso conselho.

A carta secreta
O seu seguro emocional

As motivações estão claras e você já tem toda a certeza do mundo que quer realmente fazer um sabático. Tudo está perfeito e encaixado, o que pensou faz sentido e sua coragem é tamanha que chega a ser quase palpável. A decisão foi tomada e nada te fará mudar de ideia.

A questão é: tudo está apenas dentro da sua cabeça. E a gente sabe que o mundo exterior nos influencia, que os medos alheios muitas vezes nos contaminam e que as pessoas têm opiniões sobre tudo. Cada uma diferente da outra. Sabemos que da decisão à realização há um longo caminho a percorrer e que pontos vulneráveis existirão nesse percurso.

Saber disso tudo e mesmo assim ter a certeza de que irá tentar é ótimo. Mas se você for como eu, talvez corra o risco de se deixar confundir com a vida lá fora. As demandas, a lógica da segurança em primeiro lugar e, principalmente, romper a zona de conforto para se lançar em uma aventura rumo ao desconhecido pode te paralisar. Ou te atrasar.

Minha dica prática para te manter firme e consciente do porquê decidiu fazer esse sabático é escrever uma carta para si mesmo. Uma carta que será seu seguro contra a desistência por medo, insegurança ou preguiça. Uma carta que só você lerá em caso de emergência.

Escreva nela tudo o que está te chateando na sua vida atual, o que está deixando sua vida morna e o quanto você se sente feliz ao pensar na possibilidade de romper esse ciclo improdutivo.

Escreva-a, releia para ver se não faltou nada. Assegure-se de que colocou ali o sentimento mais verdadeiro em relação à sua decisão e suas motivações. Faça dessa carta um espelho da sua alma e não se preocupe em ser coerente ou lógico demais. Ninguém a lerá; isso é um assunto só seu. E saber que você tinha motivos reais no momento da decisão, já lhe traz um conforto psicológico e uma sensação de coerência consigo mesmo.

Quer saber sobre a minha carta? Nem me lembro mais o que estava escrito lá. Ainda está guardada mas nunca precisei abri-la. Admito que fui até a gaveta onde a deixei e a segurei com força umas duas ou três vezes antes de partir para o meu ano sabático. Não a abri, pois logo depois que a escrevi, dobrei bem e grampeei umas mil vezes, pois não queria ficar lendo toda hora e banalizar meus sentimentos nem correr o risco de perder o impacto que poderia me causar em caso de real necessidade.

De qualquer forma, ver aquele papel grampeado ali na gaveta do criado mudo, ajudou a manter o foco no meu desejo, ao invés de achar que minha decisão tinha sido só um delírio bobo num dia de mau humor.

Viver, simplesmente
Por que o mais simples nem sempre é o mais fácil?

Uma coisa que normalmente acontece quando estamos sobrecarregados de trabalho é delegar as tarefas secundárias. Coisas simples como cuidar de nossos carros, cozinhar, fazer compras e até mesmo dirigir podem ser transferidas para outras pessoas. Elas serão remuneradas para fazer o que seria terrivelmente desgastante se acrescentados à nossa turbulenta rotina diária.

A questão é: estamos pagando pelos serviços ou pelo nosso tempo? Nenhuma crítica à compra desses serviços. Se você não quer desenvolver certas habilidades, como cozinhar ou dirigir, acho sensacional que existam profissionais aptos ao serviço com muito mais competência e dedicação do que nós próprios faríamos.

O ponto aqui é outro. Muito do que compramos, sejam serviços ou coisas, só fazem sentido porque não temos tempo disponível; pagamos pelos minutos que vamos economizar. E isso acaba virando um estilo de vida, que incorporado à rotina se confunde com a nossa própria personalidade. Já não sabemos se não cozinhamos porque de fato não gostamos ou porque não temos energia para a tarefa. Uma boa dica para a transição – de uma vida onde tudo é levado no piloto automático para uma fase onde o tempo estará a seu favor – é questionar a real necessidade de seus comportamentos e posses.

Um exemplo bem clichê, é verdade, refere-se à compra de sapatos para as mulheres e ao consumo dos novos eletrônicos para os homens. Antes de gastar seu dinheiro nesses itens, na próxima vez se pergunte o quanto realmente precisa de mais um par de sandálias pretas. Ou se o novo celular é realmente mais eficaz do que aquele comprado há menos de um ano. Deixar de consumir nesses casos seria um sacrifício ou uma questão de lógica?

Tudo bem se você quer levar sua vida do jeito que está ou se o objetivo atual é melhorar seu nível social. Falo muito sério quanto a isso: já vivi essa fase consumista e ficava genuinamente feliz ao gastar meu dinheiro em novos sapatos e eletrônicos. Talvez porque as conquistas materiais simbolizavam a realização profissional; ver o saldo positivo na conta era a materialização da segurança e do conforto que eu sonhava desde a adolescência. Isso me orgulhava e me permitia viver sem culpas.

Agora se você está pensando em fazer um sabático, provavelmente está em outra fase. Nesse caso, seria interessante começar a repensar seus hábitos consumistas para diferenciar o que é necessário à sua felicidade e o que é comprado só por impulso ou por compensação.

Quando chegarmos ao capítulo "Preparação - Razão", com metas a cumprir, a questão será um tema central. Por enquanto isso é apenas um exercício mental, não financeiro. A ideia aqui é começar a questionar por que precisamos de tanto para viver. Identificar se em algum momento você usa seu cartão de crédito como um massagista do ego e em que medida quer mudar essa relação.

Talvez venham à tona questões mais profundas ligadas a sentimentos ocultos de medo e privação, baixa autoestima, vícios, indulgências e tantos outros, que só a sua vivência poderá dizer. Está disposto a começar?

Algumas ideias para a prática do viver simples:
- Tente ficar dois meses sem comprar nenhuma peça sequer, só usando roupas e calçados que já tem no armário, com o desafio de encontrar combinações que nunca foram usadas antes (isso se você não trabalhar de terno, obviamente).
- Descubra lugares com programação cultural gratuita ou cursos livres para a diversão do fim de semana.
- Participe de grupos de interesses comuns, como artes, cinema, negócios ou outros, encontrados em plataformas digitais como meetup.com ou o próprio Facebook, para expandir seu círculo social e se ambientar com novos grupos e novas amizades.
- Se costuma jantar e/ou almoçar fora nos finais de semana, experimente cozinhar.
- Se já gosta e costuma cozinhar, experimente alguma receita diferente que leve apenas ingredientes simples – como vegetais da época e molhos caseiros, ou ainda, tente preparar pratos típicos de diferentes regiões.

E lembre-se: isso é só um pequeno treino, um aperitivo para uma vida onde o ser poderá superar o ter.

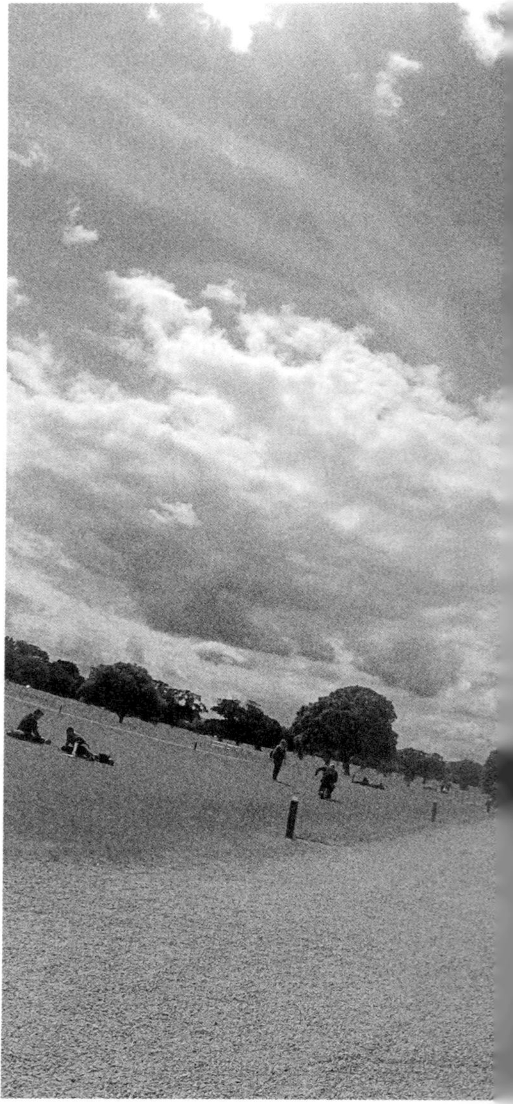

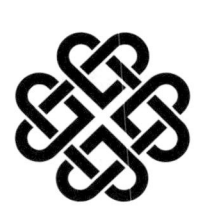

PREPARAÇÃO

CORAÇÃO

A Guerra de Pandan
e o espírito da coragem

Uma batalha onde ninguém pensa em consagrar ganhadores ou humilhar perdedores. O que importa é manter vivo o espírito guerreiro

Soube de um ritual que acontece anualmente em Bali, denominado Guerra de Pandan. Trata-se de uma homenagem ao deus Indra, onde acontecem lutas entre pares de habitantes locais.

Orgulho da Vila de Tenganan, dizem que é a única guerra no mundo onde se luta com um sorriso no rosto e a certeza de que terminará em paz. Apesar disso, alguns participantes saem feridos pelas folhas de pandan (as únicas armas permitidas são uma espada de pandan e um escudo de rattan). Ao final da batalha, cada oponente ajuda o outro a tratar de suas feridas com ervas locais. Dessa forma saem fortalecidos, provam sua coragem, experimentam um pouco de dor e são curados imediatamente com seus próprios recursos.

Encontrei uma definição comovente numa reportagem internacional, que me inspirou a escrever essa crônica: a Guerra de Pandan é impregnada pelo espírito da coragem.

Quem pensa em fazer um sabático deveria lutar a sua Guerra

de Pandan. Invocar o espírito do guerreiro e usar o medo como aliado. Porque ele, o medo, certamente virá como parte integrante da decisão.

Assim que eu contava sobre a intenção de fazer meu sabático para os amigos e parentes, muitos me perguntavam como eu teria coragem. Depois que fui, continuaram me dizendo coisas do tipo "como admiro sua coragem" ou "que legal, também queria fazer um sabático, mas não tenho coragem".

Eu não me vejo assim, corajosa ou aventureira. Não pratico esportes radicais nem me envolvo em corridas malucas para sentir adrenalina. Até mesmo em investimentos sou classificada no "perfil conservador".

E ainda assim passo a imagem de que não sinto medo. Ah, sinto sim. A diferença é que fiz amizade com a sensação quando entendi que o medo não é uma entidade e tão pouco uma coisa real. Trata-se apenas de uma ansiedade negativa que tenta nos barrar ao menor sinal de perigo. É a projeção do futuro, vista por uma perspectiva sombria.

Funciona assim: você fica pensando o que pode dar errado antes de algum evento importante. Quando essa ideia ultrapassa os limites da precaução inteligente, a ansiedade negativa vai tomando conta de você, até te paralisar. Como saber qual esse limite? Como acessar o espírito da coragem? Eu uso a estratégia de pensar sobre o que de pior aquilo me causaria. Avalio se posso morrer ou sofrer danos irreparáveis. Se a resposta for não, sigo em frente e não penso mais no assunto.

O medo com o qual tive de lidar ao decidir sobre o sabático não envolvia riscos de vida. Era de ordem bem mais vulgar, do tipo, pensar o que aconteceria se meu dinheiro não fosse suficiente ou como me comunicaria em um país onde não dominava bem o idioma. Para cada medo, uma solução factível. Por exemplo, eu poderia trabalhar se o dinheiro acabasse e fazer mímicas se precisasse de alguma coisa essencial. Tchau amigo medo, não vou te carregar no meu sabático.

Talvez você tenha o sonho de fazer o seu, mas considere cedo demais. Ou quem sabe pretende juntar um pouco mais de dinheiro e concluir outro objetivo, como quitar seu apartamento. Isso não é medo, é foco.

Se, no entanto, sentir que é possível, mas está travado pelo medo, por favor, chame o espírito da coragem. Nada substitui a satisfação de realizar um autêntico desejo. Penso assim, no entanto seria imprudente passar a impressão de que essa história é um conto de fadas que acabou com a heroína imaculada no final. Não é.

Da fase da preparação direto para o pós-sabático

Para fechar a história sobre o medo *versus* coragem, vou contar resumidamente o que aconteceu com um receio real: o medo sobre a possível falta de dinheiro.

Durante o meu ano sabático tive que fazer vários ajustes, sobretudo no setor financeiro. O Brasil atravessava uma forte crise enquanto eu vivia na Irlanda.

Naquele ano uma turbulência política impactava diretamente a economia do País. Isso fez o euro disparar, o índice de desemprego crescer e meu inquilino foi embora alguns meses antes do final do contrato.

A vida não é perfeita.

O dinheiro reservado acabou antes do previsto, o que me fez ter de economizar bastante no final do sabático. Fiz ajustes na rotina e no planejamento macro, além de cancelar a última viagem que faria na Europa.

Ainda assim, penso que acertei na decisão e estou em paz com as minhas escolhas.

O viajante despojado
C'est la vie. É a vida

Era o começo do mês de março. Minha decisão estava tomada, já sabia que teria condições emocionais e financeiras para fazer o ano sabático. O faria a partir de janeiro do ano seguinte.

Chegou a hora de comunicar às pessoas importantes para mim: minha família e meu sócio. E confesso que eu estava apavorada. Medos e culpas, preocupações infinitas sobre o futuro da empresa e a reação das pessoas.

Eu queria me preparar para essa conversa, então decidi fazer uma viagem sozinha, para um lugar tranquilo com várias trilhas e cachoeiras, onde buscaria força e coragem.

É difícil explicar certas coisas ligadas a fluxos e energias, mas o fato é que nesse processo de autoconhecimento você começa a se abrir para captar pequenas interferências, enxergar coincidências e sincronicidades.

Alguns dizem que são recados dos nossos anjos, outros, que é a intuição se abrindo, e os mais pragmáticos dirão que é simples questão de observação: como aquela conhecida situação, quando você vai comprar um carro do modelo X, parece que surgem inúmeros carros do mesmo modelo no seu caminho.

Busquei a paz de São Francisco Xavier, no Vale do Paraíba, um pequeno paraíso separado por apenas duas horas da capital de São Paulo. Um lindo vilarejo, reconhecido pela natureza exuberante, muitas trilhas e cachoeiras, tradição na música, artes plásticas e sua famosa truta com pinhão.

Eu, que até então não tinha conhecido ninguém que tivesse feito um ano sabático, fiquei em uma pousada onde estava hospedado um francês, de 43 anos, que estava fazendo exatamente isso: tinha deixado sua vida de engenheiro em Paris para no seu novo período sabático realizar o sonho de conhecer a América Latina.

Ali aprendi o que é viajar leve. Não consegui chegar nesse nível de despreocupação no meu próprio ano sabático, mas foi uma tremenda inspiração. Porque só no Brasil, o Yannick já tinha viajado para diversos lugares que eu mesma não conheço, como a floresta amazônica e o Tocantins.

Foi viajando e aprendendo a falar português, conhecendo gente e fazendo amigos. Se oferecia para cozinhar em algumas pousadas em troca de hospedagem, mesmo tendo dinheiro suficiente para pagar – ele definitivamente não tinha o perfil do mochileiro jovenzinho. Simplesmente usava suas habilidades para fazer amigos, viver as culturas, aproveitar aquele período ao máximo.

Era a segunda vez que tirava um tempo para si mesmo, já tinha feito outro sabático aos 35 anos e achou tão bom que naquela época resolveu que a cada tempo trabalhado, programaria um novo período sabático. Dessa vez ficaria apenas seis meses. E aqui estava ele, fazendo o que tinha planejado e me contou que quando voltasse assumiria novamente seu cargo na empresa, voltaria cheio de energia para trabalhar, até a próxima parada. Ouvindo-o falar, parecia tudo tão simples. O mundo continuaria girando, as empresas continuariam existindo. Um francês ali naquele pedacinho do Brasil e ninguém se dava conta disso. Nada de grave iria acontecer, desde que houvesse um planejamento mínimo. Então, porque eu estava tão preocupada? As pessoas ficariam bem, tudo daria certo, ninguém seria prejudicado, era só a vida acontecendo bem ali na minha frente.

Foi só uma conversa em um fim de semana, mas esse pequeno episódio me deu a coragem que faltava.

Voltei, falei com todos que precisava falar e começamos a tomar as providências necessárias, principalmente em relação ao trabalho – isso vou contar detalhadamente na parte prática. Depois dá uma lida no capítulo "Preparação – Razão", lá na página 64.

Os monges sem cabeça

*Uma vez tomada a decisão,
torna-te um monge sem cabeça*

A cena: oito monges em meditação, virados contra a parede branca em postura lótus, com suas cabeças perfeitamente encaixadas entre as clavículas. Estão enfileirados horizontalmente, o que proporciona uma visão curiosa: parecem monges sem cabeça. Na verdade é o oposto. Naquele momento, aquelas criaturas estão dentro de suas mentes. Pura mente.

Uma vez tomada a decisão, torna-te um monge sem cabeça. Centrado no objetivo maior, elevado pelo autoconhecimento e focado nas descobertas que a mente vai experenciar com o seu período sabático.

As pessoas entrarão na sua sala de meditação e, vendo a cena, acharão engraçado. Talvez enxerguem só um corpo sem cabeça. Dirão que perdeu o juízo e não deveria abrir mão de uma vida estável para se aventurar numa estrada que não sabe aonde pode te levar.

Talvez digam que é só uma fase na qual o estresse está te influenciando. Que se você usasse o mesmo dinheiro para tirar férias ou comprar aquele carrão, tudo voltaria ao normal.

Talvez não falem nada e apesar da desaprovação silenciosa você lerá seus pensamentos em um lance de olhar.

E talvez te apóiem incondicionalmente, pois confiam na sua habilidade de ir e voltar. Isso vai depender um pouco da sua história pregressa. Se você tem se colocado como a vítima infeliz ou se já assumiu a responsabilidade integral pela sua vida e felicidade.

Torço para que sua experiência seja como a minha: totalmente fundamentada na confiança, o que facilitou um bocado as coisas. Caso não seja, aproveite a perturbação para treinar sua resiliência e fé em si mesmo.

Guarde os conselhos em uma caixinha (inclusive os meus) e só abra quando voltar. Compare os avisos com os reais acontecimentos e comemore qualquer que seja o resultado.

Afinal, se você descobriu as respostas, significa que teve coragem de ir e conferir com sua própria experiência.

Em busca da ilha perdida
HyBrazil, a ilha sabática

Segundo o dicionário dos símbolos, uma ilha é um mundo em miniatura. Um local sagrado de silêncio e paz, em meio à agitação do mundo profano. Ora, e não é exatamente isso que buscamos ao fazer um período sabático?

Poucos de nós, brasileiros, ouvimos falar sobre a lendária ilha HyBrazil, uma espécie de prima da Atlântida. Ela foi representada em mapas e indicada por diferentes cartógrafos da Europa medieval.

O que levanta a suspeita de que a origem do nome do país "Brasil" é proveniente desse vocabulário europeu, que simbolizaria um lugar mítico descoberto nas grandes navegações. Nesse caso, não seríamos "brasileiros" por causa do pau-brasil, conforme aprendemos na escola, mas isso já é outra história.

Conhecida também como Ilha de São Brandão, dizem que situava-se a oeste da Irlanda e costumava aparecer a cada 7 anos. Uma verdadeira ilha sabática. Infelizmente, diz a lenda, HyBrazil nunca mais foi avistada, apesar da procura ter sido intensa até por volta de 1620.

Viajar para outro país não é necessariamente a melhor nem a única opção para o encontro da sua ilha mítica.

A escolha do local vai depender dos objetivos e da forma que pretende despender seu valioso tempo e dinheiro.

A pergunta-chave a se fazer: quais habilidades quero desenvolver? Por exemplo, se quisesse praticar capoeira, poderia escolher a Bahia. Se quisesse aprender sobre vinhos poderia escolher a França ou o sul da Argentina. Se pretendesse desenvolver a paciência e a tolerância, poderia ficar em São Paulo dirigindo diariamente nas marginais.

A decisão sobre o local é um fator determinante para manter o foco nos objetivos sobre o porquê decidiu fazer um sabático. Afinal, para quem passou boa parte da vida trabalhando alucinada e apressadamente, há o risco de se perder com tanta liberdade e tempo livre.

Para o meu período sabático, escolhi a Irlanda porque meus objetivos principais eram ganhar fluência no idioma inglês e estudar literatura. Também pretendia escrever um livro de contos e começar esse que você está lendo hoje. Dublin, a capital do país e a cidade que escolhi para viver, possui a atmosfera propícia ao ato de ler e escrever, tanto que recebeu da Unesco o título de Cidade Literária.

Como objetivos secundários, buscava um lugar no qual pudesse fazer amizade com um povo amistoso, de preferência degustando boas cervejas ao som de música ao vivo. E também queria viajar pela Europa de maneira fácil e econômica. A Irlanda oferecia todas essas condições.

Por coincidência, o país é uma ilha e eu pude viver nesse micromundo por um breve período. Não encontrei a HyBrazil das lendas. O que encontrei foi uma ilha mítica particular, que agora mora dentro de mim.

PREPARAÇÃO

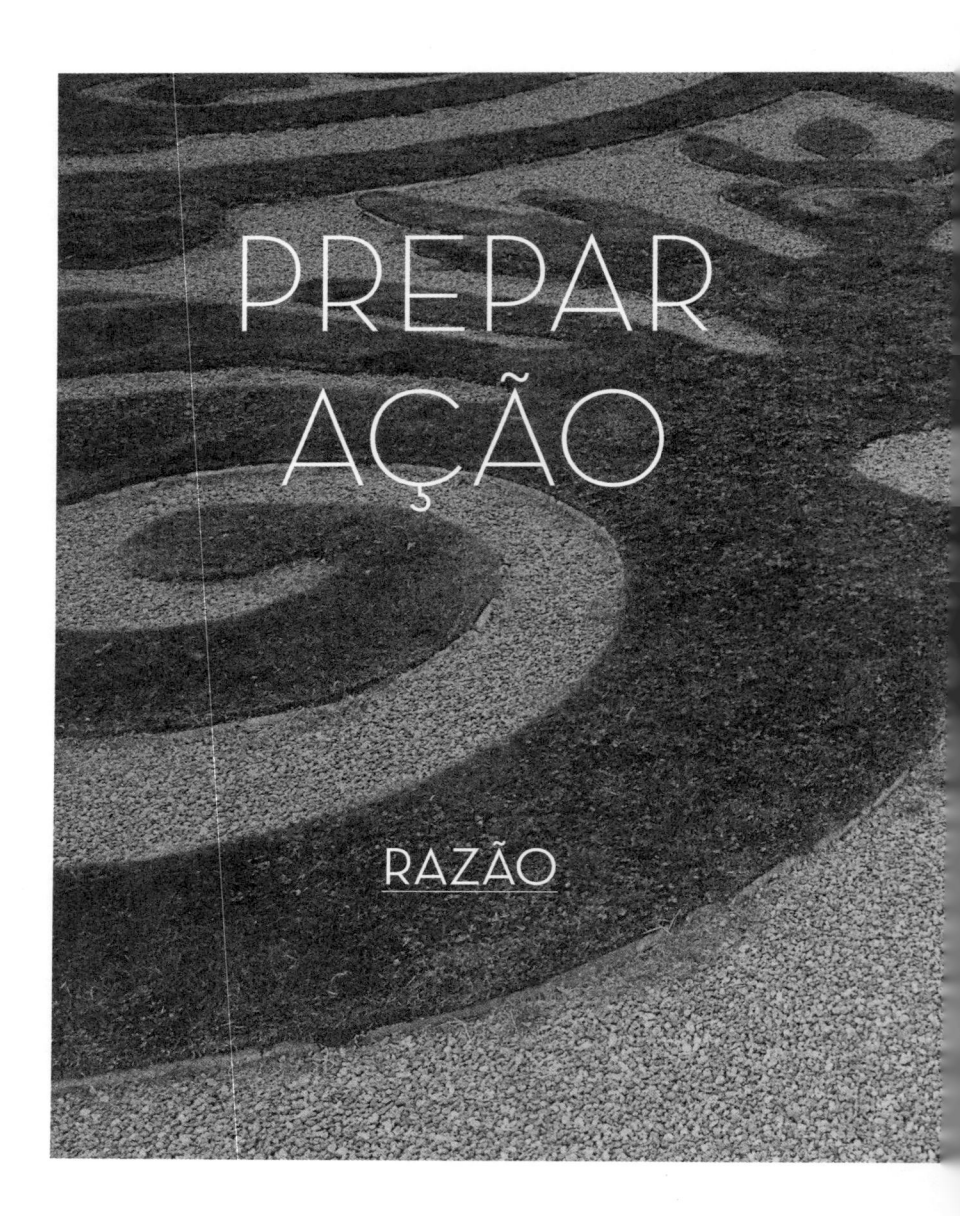

RAZÃO

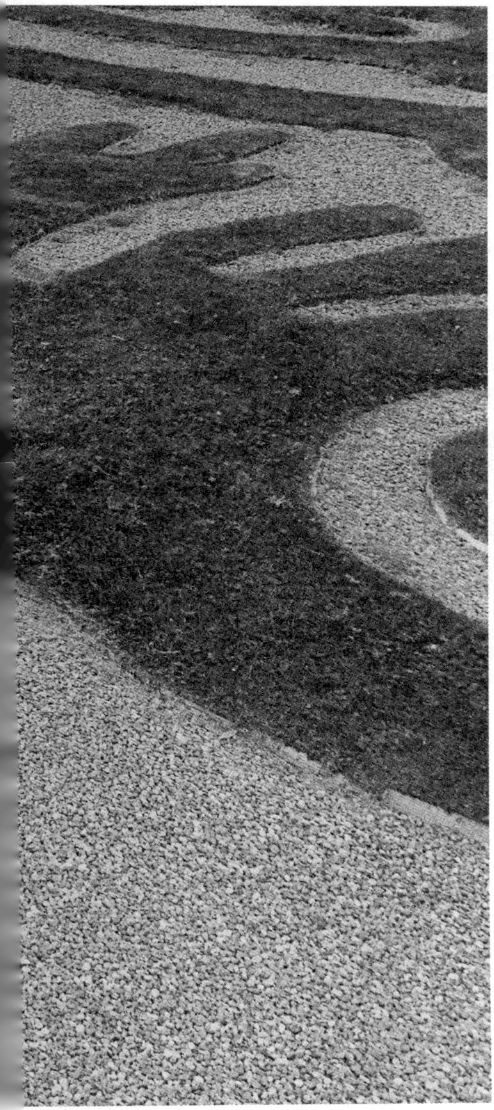

Pergunte a si mesmo

1
Quais habilidades quer desenvolver?

2
Do que quer se desapegar – emocional e materialmente?

3
O que acha essencial levar – emocional e materialmente?

4
Quem pode ajudar, atrapalhar ou influenciar a sua decisão?

5
Tem algum sonho de infância que ainda pretende realizar?

6
Qual o seu objetivo principal na realização do Sabático?

7
Quais os seus objetivos secundários na realização do Sabático?

Decisão tomada, hora do planejamento

Chegou o momento de integrar o emocional ao racional

Vamos considerar que a decisão emocional foi tomada e agora é necessário confirmar a viabilidade na prática.

Diferentes variáveis poderão ser escolhidas como ponto de partida no planejamento. A começar pelo seu perfil.

Há quem prefira tudo milimetricamente planilhado e há quem deixe as coisas mais ao sabor do vento.

Sou um mix entre as duas personalidades. Nunca gostei de tudo demasiadamente organizado e também não corro riscos desnecessários. Diria que sou prevenida, com espaço para as boas surpresas da vida.

Mesmo que você faça um planejamento simples, uma variável vai impactar diretamente na outra. Por exemplo: para alcançar seus objetivos você pode escolher o local adequado, em determinado espaço de tempo. Isso vai definir as finanças. Ou a sua verba poderá limitar o tempo e a partir daí você adequará o local e os métodos para realização dos objetivos.

Além do plano para o período de duração do sabático, há que se fazer a preparação do prazo anterior e posterior, o que te dará uma relativa tranquilidade para os momentos de transição.

Antes, porém, quero apresentar a questão das três dimensões. Na preparação do meu próprio sabático, achei necessário orquestrar essas três dimensões, que impactaram diretamente no projeto: a dimensão social, a dimensão profissional e a dimensão prática.

Sugiro começar por aqui.

As três dimensões

Seus possíveis impactos e os aspectos envolvidos

DIMENSÃO	IMPACTOS	ASPECTOS
SOCIAL	Emocional e afetivo	Relacionamentos e vida social
PROFISSIONAL	Financeiro e autorrealização	Econômico e status
PRÁTICA	Organização e saúde	Providências para levar e para deixar

Dimensão Social

Possíveis impactos: emocional e afetivo
Aspectos envolvidos: relacionamentos e vida social

Comunicar à família, cônjuge e amigos pode ser a melhor ou a pior parte nessa fase de preparação. Depende da situação e de seus objetivos, que por sua vez determinarão o tempo e o estilo do seu sabático.

Em geral as pessoas são avessas a riscos e mudanças. Sendo assim, a primeira reação das pessoas, possivelmente, será de susto e medo.

Medo por você e por eles próprios. Um só movimento altera todo o jogo e eles temem que a sua questão pessoal afete os que estão ao redor.

Por isso, o melhor é comunicar a sua decisão quando ela já estiver formatada. Isso ajudará a fortalecer sua posição e construirá a base para seus argumentos, seja para convidar o seu parceiro a ir com você ou convencer sua mãe de que tudo vai dar certo. Tenha um plano minimamente estruturado em termos de tempo, local e finanças.

Nessa dimensão, a sua situação vai interferir no seu planejamento. Qual a sua situação?

Situação atual

- Casado sem filhos
- Casado com filhos
- Com relacionamento estável e/ou dependentes
- Sem relacionamento estável e/ou dependentes

Cada circunstância, uma situação. Obviamente, se você está completamente sozinho será mais fácil organizar seu sabático do ponto de vista emocional. Em todas as outras situações, haverá decisões conjuntas a serem tomadas. Será necessário muita organização, negociação e planejamentos prévios para a viabilização do seu projeto de vida.

Se por exemplo, um casal sem filhos resolver fazer isso juntos, terão a oportunidade de se conhecerem ainda melhor. Se envolver filhos pequenos, há que se pensar na questão da escolaridade, decidir se as crianças ficarão sem aulas naquele período ou serão matriculadas em outro local, caso a decisão seja morar fora da cidade de origem.

Voltamos ao ponto inicial: objetivos, local e tempo.

Conheci quem estivesse fazendo um sabático exatamente para repensar o casamento. Não sei se é a melhor solução, mas pode ser o seu caso. De qualquer forma, sempre que há outras pessoas envolvidas, há que se ter respeito e cuidado.

No caso acima, o casal que conheci concordou com o afastamento temporário. O marido fez o sabático e a esposa continuou com a vida regular, cuidando do filho. Ao final de 6 meses, o sabático acabou e o casamento continuou. Um ano depois dizem que a experiência os fez reconhecer o melhor de cada um, o que ajudou na reconstrução da relação.

Conheci quem fez um ano sabático no exterior e deixou o namorado trabalhando no Brasil. Tentaram manter o amor a distância, mas o romance não resistiu.

Conheci quem rompeu o namoro antes de ir, pois não houve consenso quanto aos objetivos do casal. E também uma dupla que programou o sabático juntos e durante esse período encontraram uma nova paixão: a culinária. Na volta mudaram suas profissões e montaram uma sociedade na área de gastronomia. Resultado: estão conectados e bem-sucedidos.

Soube de gente que fez o sabático com filhos pequenos e decidiram morar fora por um ano, inclusive para as crianças aprenderem bem o idioma e não perderem o ano letivo. Puderam aproximar ainda mais a família e viver uma experiência inesquecível para o casal e para os filhos.

Questão essencial
Quero fazer o sabático só ou acompanhado?

Essa é uma importante pergunta, que novamente dependerá de seus principais objetivos e circunstâncias atuais.

Muitos concordam que um sabático mais curto é o recomendado caso a pessoa seja comprometida e decida ir só. Não posso opinar. Cada um tem que encontrar sua resposta.

Tudo é possível. Muitas vezes usamos as nossas circunstâncias como desculpa para a falta de coragem. Dá trabalho, admito. Mas, como diria Fernando Pessoa, tudo vale a pena se a alma não é pequena.

Dimensão Profissional

Possíveis impactos: financeiro e autorrealização
Aspectos envolvidos: econômico e status

Por tratarmos de um período sabático, cuja definição principal é "uma pausa estratégica na carreira", essa é a dimensão mais sensível e a que deveria nortear as demais, embora na vida real muitas vezes a teoria não obedeça a prática.

Ainda assim, a dimensão profissional deve ser tratada com muita cautela. Afinal é só uma pausa e não uma aposentadoria. Mesmo que já tenhamos um plano de trocar de área ou de empresa na volta, quanto mais seguros estivermos quanto à decisão sobre fazer o sabático, melhor para o nosso futuro profissional.

Novamente, um bom ponto de partida é analisar a situação no momento atual.

Situação atual

- Você trabalha em uma grande empresa
- Você trabalha em uma pequena empresa

- Trabalha há muitos anos na mesma empresa
- Você é autônomo
- Você é sócio de uma empresa

Se você é funcionário (sobretudo de uma grande empresa), a primeira providência é se informar sobre as políticas de recursos humanos. Fora do Brasil o conceito "sabático" é melhor difundido e muitas empresas têm programas para apoiar a prática. Acredito que no Brasil ainda não haja muita estrutura a esse respeito, mas vale a pena perguntar.

Algumas empresas oferecem as chamadas licenças não remuneradas, o que assegura a vaga para quando o funcionário voltar. Outras poderão até dar suporte ao seu período sabático, desde que seja realizado em períodos curtos e programados – seis a doze semanas, sem descontar do período de férias.

Se você quer tentar a recolocação na mesma empresa quando voltar, é uma boa ideia conversar com seu chefe e com o RH. Vá preparado, com uma argumentação sólida para demonstrar as possíveis vantagens para a empresa. Por exemplo, dizer que você está esgotado e esse tempo lhe trará mais produtividade. Também poderá ser caracterizada como uma vantagem caso aperfeiçoe a fluência em algum idioma e traga para a organização novas referências culturais.

Se você não pretende voltar para a mesma empresa no pós-sabático, faça uma transição responsável, com tempo para o seu desligamento. Lembre-se o quanto é importante deixar sempre as portas abertas.

Se é funcionário de uma empresa pequena, as chances de ter seu sabático financiado será menor. Em qualquer caso, o respeito e a consideração com seus colegas e superiores são sempre recomendados. A antecedência na comunicação dará a todos os envolvidos tempo para assimilar a mudança e treinar eventuais substitutos. Avalie um tempo ideal para não ser demasiadamente antecipado, a fim de não causar ansiedades desnecessárias. Lembre-se que sabático não é fuga, portanto, não fuja. Acredite que vai fazer um sabático por direito e merecimento.

Se você é sócio de uma empresa, a sua responsabilidade aumenta. Transparência e ainda mais antecedência no comunicado aos sócios são fatores importantes.

No meu caso, tive novamente a sorte de ter um sócio que é também um grande amigo. Apesar do trabalho adicional que a minha ausência lhe causaria, ele me ajudou em todos os momentos da preparação. Comuniquei a minha decisão dez meses antes da data planejada para o início do sabático. Foi tempo suficiente para fazermos as adaptações na equipe, reorganizarmos a estrutura e comunicar os clientes, para que não houvesse nenhuma insegurança em relação à solidez da empresa.

Hoje posso dizer que, a despeito da turbulência natural de qualquer mudança, o efeito colateral foi benéfico. Isso porque eu trabalhava excessivamente, devido à minha personalidade controladora. Faço aqui um *mea culpa* e admito que gostava de cuidar dos detalhes pessoalmente. Com a minha ausência abriram-se novos espaços e muitos na equipe cresceram com a oportunidade. Bom para eles, ótimo para mim.

Dei muito trabalho para a terapeuta. Sofri, chorei, duvidei. Sabia racionalmente que ninguém é insubstituível. Ainda assim, temia pela empresa, pelos clientes, pelos funcionários. E adivinha? Deu tudo certo. Ninguém quebrou, o mundo continuou feliz sem a minha obsessão. Aprendi muitas coisas no sabático. Uma das mais saudáveis foi abandonar o ideal *workaholic* que tinha conduzido minha vida por mais de 20 anos.

Sinto que aprendi o caminho da volta e daqui para frente vou continuar monitorando. Quando perceber que comecei a pirar, saberei parar. Se não perceber, alguém aí me avisa, por favor?

Questão essencial
Já tenho um plano para a volta do sabático?

Está delicioso o planejamento da ida, mas acho prudente refletir sobre o que queremos na volta, ainda que a resposta seja um sonoro "não sei".

Nesse caso, poderíamos colocar a questão na lista de assuntos a tratar durante o sabático.
- Quero voltar a ocupar o mesmo cargo, na mesma empresa.
- Quero voltar para a mesma profissão, em outra empresa.
- Quero voltar para a mesma empresa, em outra área ou posição.
- Quero repensar a minha carreira.
- Quero sair da empresa e me tornar um empreendedor.
- Ainda não sei o que quero.

Quando for comunicar sua decisão para o RH ou para os seus superiores, seja transparente quanto às suas expectativas sobre o futuro. Se quiser voltar, deixe isso claro e tente negociar o retorno, com as condições o mais bem planejadas, dentro do possível.

Se ainda não sabe o que deseja para a volta, seja honesto e deixe as portas abertas. A despeito de crises, recessões ou do momento econômico, sua postura ética e sua competência sempre serão lembradas por colegas e empregadores.

Independentemente de tudo, mantenha ativa sua rede de contatos e aproveite o sabático despreocupadamente.

Dimensão Prática

Possíveis impactos: organização e saúde
Aspectos envolvidos: providências para levar e para deixar

O que chamei de dimensão prática envolve a parte menos glamurosa para a viabilização de qualquer projeto. Cuidar dos detalhes burocráticos e pragmáticos.

Situação atual

Aqui vale uma pergunta quanto à tendência da sua mente e da sua formação. Você considera o seu pensamento mais afinado com as ciências exatas ou com as ciências humanas?
- Sou de exatas
- Sou de humanas

Se você é da turma de humanas e gosta de ouvir histórias até na parte prática, talvez encontre utilidade nesse capítulo. Meu *checklist* poderá servir como um lembrete ou, no mínimo, uma crônica.

Mas se for de exatas, com mente de engenheiro, físico ou matemático, por favor, não considere o título PRÁTICO no sentido literal da palavra. Talvez filosoficamente esteja adequado, pragmaticamente vamos baixar as expectativas, combinado?

Cabe o aviso, porque cada um usará a combinação das dimensões com as possíveis variáveis do planejamento, respondendo às questões essenciais, dentro de situações particulares. Haja matemática e estatística para encontrar uma fórmula. Arrisco dizer que não existe fórmula. Ainda assim você criará a sua. Única. Ajustada para o seu modelo.

Questão essencial
Dentro ou fora do país?

Nessa dimensão acredito que a parte mais trabalhosa esteja relacionada à questão geográfica do sabático. Quem pretende realizá-lo fora do país terá mais providências práticas envolvidas.

Muitos detalhes: de documentações a vacinas, de cadeados especiais a investigações sobre clima, geografia e políticas locais.

Relato aqui alguns exemplos, para que se tenha uma ideia geral dos trâmites pelos quais passei, antes de iniciar o planejamento definitivo.

Condicionamento físico e saúde

Sofro de enxaqueca e quando visitei Machu Pichu, (Peru), há muitos anos, tive fortes dores por causa de seus 2.400m de altitude. Nem o chá de coca me salvou. Então escalar o Kilimanjaro, na Tanzânia, nunca seria uma opção. Captou a mensagem?

Por outro lado, adoro caminhadas e trilhas. Pedi um treino especial no pilates para conseguir explorar as deslumbrantes paisagens que pretendia visitar no meu ano sabático. E isso teria que ser iniciado com seis meses de antecedência, concluísse o projeto do sabático ou não. Decisão que se revelou útil, uma vez que deu tudo certo e quando viajei estava preparada.

Outro exemplo simples: remédios de uso contínuo, como pílulas anticoncepcionais, remédios para tireóide ou enxaqueca, que poderiam ser encontrados facilmente em qualquer cidade. Em certos países não são vendidos sem receitas locais. É melhor não arriscar.

Caso leve os seus medicamentos do Brasil, aconselha-se a levar a receita original, carimbada, escrita em inglês, para o caso da imigração questionar o porquê de tantos remédios na mala. Viajei com as minhas 12 caixinhas. Não utilizei as receitas, mas também nunca me preocupei com farmácias.

Check-ups, visitas a médicos e dentista antes de viajar, sei que nem precisaria dizer, mas é bom se organizar com antecedência, porque quando chegar a data próxima à sua viagem, todos os amigos vão querer sair com você, sua família vai promover almoços, a vida tende a ficar ainda mais corrida. É melhor ter garantido espaço na sua agenda e nas de seus médicos de confiança.

Falar de médicos nos leva a outra questão: o plano de saúde. Continuei pagando o meu enquanto estava fora do Brasil, porque se cancelasse ficaria caríssimo e perderia vários benefícios na recontratação. Esse é um tema que vale a pena ser avaliado. Talvez eu tenha perdido dinheiro e não encontrei uma solução melhor. Tudo bem, admito que não sou boa em finanças, você poderá se sair melhor.

Documentos e burocracias

Foram várias providências, a maioria das quais aconteceram após a definição do período e do local.

Tentei ao máximo prever as variáveis, como por exemplo renovar o passaporte com antecedência. Nunca se sabe quando será a próxima greve ou crise no sistema de emissão de passaportes no Brasil. Achei prudente adiantar essa parte. Também verifiquei a questão dos acordos entre consulados e nenhum dos países pelos quais eu pretendia viajar exigiam vistos antecipados, nem tão pouco vacinas.

Fiz uma série de consultas à minha gerente do banco, para investigar as formas de fazer transferências de dinheiro do Brasil para a Europa. Fui aprendendo esses trâmites, que antes nunca haviam me interessado.

Fiz contas para saber se era mais vantagem levar euros em dinheiro vivo, *travellers checks* ou cartões pré-pagos. Como o câmbio estava favorável e estável, achei melhor ir comprando o quanto podia. Foi minha sorte. Descobri isso depois, quando perto da data da viagem estourou uma crise cambial que aumentou muito o valor do euro e eu já tinha boa parte do dinheiro guardado.

Outra providência foi negociar taxa de manutenção da minha conta corrente bem menor, uma vez que a movimentação cairia consideravelmente no ano que eu estaria fora do Brasil.

Detalhes que compartilho num *checklist* na próxima página, para dar um panorama geral de como me organizei nessa dimensão.

Checklist da dimensão prática

Preparação – com antecedência

- Check-up geral: médicos, dentista, condicionamento físico.
- Preparação física dirigida em caso de algum objetivo específico.
- Informações sobre a geografia e meteorologia de onde pretende estar – quando necessário, preparar-se fisicamente.

Preparação – para levar

- Receitas traduzidas para imigração referentes a medicações controladas em grande quantidade.
- Receitas com o máximo de validade para comprar caso o seu período de permanência se estenda além do planejado.
- Medicamentos básicos a levar para o início da estadia – dores musculares, dor de cabeça, febre, gripe.
- Vistos e vacinas locais.

- Habilitação internacional, se pretende alugar carro – alguns países aceitam a CNH.
- Providências ou documentações específicas em caso de cursos ou trabalhos voluntários: diplomas, certificados, registros, traduções juramentadas, cartas referência, etc.

Dica: leve lembrancinhas do Brasil para futuros amigos. Eu levei pequenos mimos como bijuterias regionais, imãs de geladeira e chaveiros com símbolos de objetos e locais típicos do Brasil, que fizeram verdadeiro sucesso.

Preparação – para deixar

- Organize o máximo possível a documentação necessária para a próxima Declaração de Imposto de Renda.
- Procuração em nome de alguém de sua total confiança para resolver eventuais questões de emergência.
- Administração de contas bancárias – organizar previamente com seu gerente: negociação de taxas, investimentos, moeda estrangeira, cartões internacionais, pontos de milhagens de passagens aéreas, etc.
- Em caso de imóvel alugado, procuração para alguém para te representar em eventuais problemas.
- Troca de endereço de correspondência no banco para residência de pessoa de sua confiança, com o objetivo de assegurar o recebimento de cartões e senhas, em caso de roubo. Útil também para ser o contato do seguro no exterior.

As variáveis do planejamento

1. Objetivos
2. Estilo
3. Habilidades
4. Local
5. Período
6. Finanças

A seguir, cada uma das variáveis com histórias para ajudar a compor um panorama no seu planejamento.

Se você for mais visual, há um diagrama do planejamento com as variáveis na página 102.

1. Objetivos

Como desfrutar um período sabático?

Depende de seus objetivos. Eles se relacionam só a descanso e lazer ou envolvem algum projeto pessoal previamente determinado? Pretende repensar a carreira e testar novas aptidões ou só quer fazer uma pausa?

Um sabático pode ser livre e solto e ainda assim significativo. Ter clareza dos objetivos que te levaram a essa decisão vai contribuir para que você desfrute melhor esse período.

Será mais fácil alicerçar o planejamento do seu sabático ao definir os objetivos principais e também os secundários, assim poderá otimizar os recursos e escolher um local que ofereça mais de uma possibilidade simultaneamente.

Algumas opções a considerar

- Viajar o mundo ou conhecer uma cultura específica.
- Aprender um idioma ou ganhar fluência em um já conhecido.
- Desenvolver habilidades ligadas a arte e cultura como por exemplo: fotografia, gastronomia, história da arte, dança, pintura, outras.
- Dedicar-se a reflexões religiosas, espiritualistas ou filosóficas.
- Prática ou aprendizado de algum esporte.
- Tempo livre para conviver com a família.
- Viajar dentro do próprio país.

Há uma infinidade de sonhos a realizar. Quais são os seus?

2. Estilo

Definido os principais objetivos, o ESTILO do sabático também impactará as demais variáveis, sobretudo na questão financeira e na escolha do local.
Alguns estilos a escolher:
- Voluntariado
- Cultural
- Mochileiro
- Sem sair de casa

Vamos supor que o estilo sonhado esteja relacionado ao Voluntariado. E o objetivo principal é aperfeiçoar a fluência em um idioma que você já domina. Nesse caso, você não precisaria necessariamente pagar um curso de idioma, mas sim inscrever-se em um programa de voluntários onde se fala aquela língua específica.

Outro exemplo: você ama animais e pretende desenvolver algum trabalho nesse sentido durante o seu período sabático. Não tem interesse em um idioma ou cultura específica. Quer só espairecer, conhecer outros modos de vida e fazer trabalhos voluntários. Poderia então eleger a Tailândia, onde ajudaria a tratar de elefantes ou ficar no Brasil e procurar opções de voluntariado em ONGs ligadas a trabalhos com animais marinhos ou silvestres, em diferentes estados e regiões.

Cada estilo pode ser combinado com os objetivos primários e secundários e, a partir dessas decisões, escolher o local, o período e montar o plano financeiro.

Qual é o seu estilo?

3. Habilidades

Fazer um sabático é abrir espaço para o novo.
Usar a curiosidade para tratar de um assunto que nunca teve tempo ou energia, enquanto trabalhava. Permitir-se checar se os ideais antigos eram apenas sonhos juvenis ou ainda fazem sentido na sua vida atual.
Quantas vezes ouvimos alguém dizer: "ah, se eu tivesse tempo aprenderia a tocar violão!"
Você já falou algo parecido?
"Ah, se eu tivesse mais tempo faria um curso de culinária vegana."
"Adoraria aprender a dançar flamenco."
"Se pudesse, faria um curso sobre vinhos."
Já ouvi muitos amigos com essas exclamações e eu mesma falei outras tantas, como por exemplo:
"Se eu pudesse, passaria um ano sem trabalhar, só lendo e estudando."

"Como eu queria ter coragem de me jogar naquela tirolesa do País de Gales."

E ainda:

"Juro que se tivesse tempo assistiria no mínimo cinco filmes por semana."

Sorrio ao pensar que fiz tudo isso e muito mais no meu ano sabático. Esses eram os objetivos secundários. Os principais também foram realizados.

Para todos tive que desenvolver uma habilidade, seja praticar a calma quando tive medo da altura na tirolesa, seja aprender bem o idioma para assistir os filmes no cinema sem legenda ou estudar literatura para começar a praticar a escrita.

Você já sabe quais habilidades quer desenvolver?

4. Local

Passei a maior parte do meu sabático em Dublin, na Irlanda. Uma cidade com inúmeras bibliotecas, uma livraria em cada esquina, exposições sobre Oscar Wilde, James Joice, Yeats e tantas outras sobre seus escritores famosos. E a despeito da cultura literária, a cidade é pulsante, com festas animadas, pubs e ainda é um polo tecnológico, com as filiais das grandes empresas de tecnologia. Uma mistura peculiar, que funcionou perfeitamente para quem buscava aprender inglês, respirar literatura e viver outra vida nessa vida.

Por isso, digo que a escolha do local será diretamente influenciada pelas habilidades que você busca desenvolver.

Se eu poderia estudar inglês e literatura ficando na minha casa no Brasil? Claro que sim, mas acredito que não teria aproveitado nem 10% do que o período sabático me proporcionou estando ali.

Outras questões importantes na escolha do local referem-se à geografia e à meteorologia.

Viver a quatro mil metros de altitude pode ser um problema para quem foi criado no nível do mar. Topografia irregular com ladeiras e ruas íngremes costuma chatear quem não está acostumado a caminhar. Um preparo físico anterior pode prevenir aborrecimentos. Também recomendo definir se prefere praia, campo, montanha, zona rural ou urbana, pois cada paisagem interfere na moda, nos hábitos e na cultura geral dos habitantes locais.

Sobre a meteorologia, procure saber se o clima do local será um fator positivo, negativo ou neutro. Conheci pessoas que estavam à beira da depressão por viverem em um país onde a noite caía antes das 17h.

Eu queria ter a experiência de viver em um clima frio. Não tão gelado quanto a Sibéria, mas que fosse mais frio do que São Paulo. Mais uma vez, para os meus critérios a Irlanda foi a escolha ideal. Mínima em torno de dois graus negativos no inverno, máxima de vinte e cinco no verão. Perfeito. Sem formigas nos picnics, sem pernilongos nas caminhadas. Para o meu organismo a predominância da baixa temperatura favoreceu o ganho de energia e a perda de peso. O que se revelou um "efeito colateral" mais que bem-vindo.

Questões políticas e religiosas afetarão a experiência, direta ou indiretamente, mesmo se você realizar o sabático dentro do seu próprio país. Busque informações sobre esse tema.

Para resumir: o local escolhido precisa oferecer boas condições para o desenvolvimento das habilidades, sem causar problemas ideológicos ou orgânicos.

Você já tem em mente um local ideal?

5. Período

E quanto ao período escolhido?

Não tenho muito o que falar a esse respeito. Acredito que essa variável esteja mais ligada às questões financeiras e sociais.

Para sabáticos curtos, (de três a seis meses), pense nas estações: primavera, verão, outono, inverno.

Sabáticos longos, de um ou dois anos, faça um plano para não transformar o sabático em ócio puro ou desemprego.

Também vale considerar se pretende viajar para outros lugares dentro da sua viagem. Alguns objetivos estão condicionados a determinadas estações do ano, devido a fatores climáticos ou culturais.

E há também a questão financeira. Baixa temporada pode significar quase o dobro de estadia, com a mesma verba.

Tudo é válido. Dependerá de seus objetivos e combinação de variáveis.

De quanto tempo dispõe?

6. Finanças

Vamos ao que considero a parte mais chata. E talvez a mais importante. Se você tem habilidades com números e adora uma planilha Excel, pode até se divertir. Como não é o meu caso, confesso que esse capítulo foi o mais difícil.

Dentro do meu perfil conservador, busquei priorizar a emoção sem perder a razão. Para tanto, segui a lógica que coloquei na sequência desse livro: defini meus objetivos primários, relacionei as habilidades a desenvolver, escolhi o local e planejei um ano como tempo ideal para a duração. Aí tentei encaixar o dinheiro. Ufa! Acho que vai caber.

Já vinha economizando há 3 anos, porque decidi ser mais inteligente no uso do meu dinheiro. Nesse período cortei gastos supérfluos, como, por exemplo, excessivos *happy hours* e compras por impulso. Com essas medidas repetidas há 36 meses, já tinha conseguido uma boa reserva financeira.

No planejamento do sabático, relacionei as fontes de despesas que poderia reduzir ou cortar e identifiquei as possíveis fontes de receitas.

Comecei com as perguntas básicas:
- Quais as despesas indispensáveis relacionadas ao período sabático – casa, comida, transporte?
- Quanto vou precisar para desenvolver as habilidades desejadas?
- Quanto preciso para manter as contas que continuarão correndo na vida cotidiana?
- Quanto vou reservar para o pós-sabático?
- Terei alguma fonte de receita nesse período?
- Tenho alguma despesa a eliminar nesse período?

Com essas questões em mente, comecei o planejamento financeiro. Pesquisei o custo da viagem, incluindo passagens, seguros e moradia inicial, além das despesas com os cursos que queria fazer.

Pesquisei as regras do país escolhido no aspecto financeiro – quando fui para a Irlanda, o visto de um ano estava condicionado ao depósito de três mil euros. Esse dinheiro poderia ser gasto após a concessão do visto de residência. Hoje isso mudou, mas em 2015 era a regra.

Para transformar uma fonte de despesa em receita, a primeira providência foi vender o carro. Fiz isso seis meses antes do ano sabático, para investir o dinheiro que gastaria com IPVA, seguro, combustível, estacionamento e desgastes gerais. Mesmo gastando com táxis e metrô, a quantia que guardei, somada ao valor do carro, proporcionou uma boa aplicação. O dinheiro ficou rendendo, enquanto eu me acostumava a viver sem essa bolha motorizada, da qual nos tornamos dependentes nas grandes cidades.

Possuía uma possível fonte de renda que era o meu apartamento, até então financiado. Pesquisei se era possível alugar por um ano, com a mobília inclusa. Sim, era possível.

Dessa forma teria: uma reserva feita durante 3 anos + o valor da venda do carro + a renda mensal proveniente do aluguel do apartamento. Bingo! O ano sabático era um sonho viável.

Tive que me adaptar às mudanças, antes mesmo de iniciar o sabático. Durante alguns meses fiquei sem carro e fui morar na casa da minha mãe para coordenar o tempo do planejamento à execução do projeto.

Posso dizer que valeu cada metrô que peguei, cada noite que passei embalando as louças antes de alugar o apartamento. Morar com a minha mãe por um tempo foi uma alegria, uma oportunidade de estarmos juntas antes da viagem que faria por um ano. Tenho a sorte de ter uma mãe incrível, com a qual adoro conviver.

Paguei as despesas de passagens, curso de inglês e o seguro de viagem com o salário que ganhava enquanto estava trabalhando. Isso só foi possível porque decidi o local e os objetivos primários com um ano de antecedência.

Uma vantagem adicional foi ter parcelado isso em 10 vezes sem juros. Quando viajei, esta parte mais pesada já estava quitada. O que eu tinha economizado seria suficiente para viver durante um ano sem trabalhar.

Calculei, pela internet, os custos de vida na Irlanda e projetei a meta de viver com mil euros por mês durante aquele ano sabático.

Comecei a comprar os euros e fui juntando durante um ano.

Hoje sei que existem aplicações financeiras atreladas a taxas cambiais, para quem tem esse tipo de projeto a longo e médio prazo. Acho que vale a pena consultar alguém especializado em finanças para melhores conselhos nessa área. Não tenho nenhuma vergonha em assumir que esse não é meu ponto forte, e ainda assim consegui realizar o sonho.

Tive planejamento e foco. Descobri que abrir mão de recompensas imediatas exige determinação e a gente pode escorregar às vezes. Eu escorreguei.

Fiz de um jeito possível nas minhas condições e deu tudo tão certo que voltei com esse livro para contar.

A seguir, dicas elaboradas com total boa vontade, mas nenhuma metodologia científica, analítica ou financeira.

Dicas de economia, por alguém de humanas

Baseadas na minha experiência

Cortar ou reduzir despesas – e descobrir que muitas eram inúteis

- Vender o carro com antecedência e investir o dinheiro de seguro, IPVA, estacionamento, manutenção, combustível.
- Uso racional de celular – se for econômico para o seu tipo de consumo, transformá-lo em pré-pago algum tempo antes de viajar. Fiz isso para manter o mesmo número para quando voltasse, sem ter um custo fixo de mensalidade.
- Idem para despesas com assinaturas de TV a cabo, internet, revistas, etc. Cancelei todas as assinaturas.
- Avaliar despesas com cartões de crédito e taxas bancárias diversas. Cortar ou negociar o máximo possível.

Gerar receitas para liberar espaços

Vender ou trocar objetos com pouco uso, que estejam entulhando sua vida. Esteiras ergométricas, eletroeletrônicos inúteis, bicicletas, equipamentos de mergulho ou patins usados apenas a cada conjunção de netuno com saturno. Prática de consumo consciente, reciclagem e desapego, que podem render uma graninha.

Gerar receitas para pagar outras contas

- Aluguel de imóveis, aluguel de carro, aluguel de equipamentos sem uso.

No meu caso, aluguei o apartamento mobiliado, o que gerou a receita para pagar três contas que continuariam correndo durante o ano em que eu moraria fora:
1. Prestação do próprio apartamento, que ainda estava financiado.
2. Previdência Social, que continuei recolhendo, para não interromper a contagem do tempo de aposentadoria.
3. Plano de saúde que mantive ativo, pois seria mais oneroso, a longo prazo, cancelar e recontratar na volta.

Diagrama visual do planejamento

- Viajar o mundo ou conhecer uma cultura específica
- Aprender um idioma ou ganhar fluência em um já conhecido
- Desenvolver habilidades ligadas a arte e cultura
- Dedicar-se a reflexões religiosas, espiritualistas ou filosóficas
- Prática ou aprendizado de algum esporte
- Tempo livre para conviver com a família
- Viajar dentro do próprio país

OBJETIVOS

- Preparação
- Vivência

FINANÇAS

PLANEJAMENTO

ESTILO
- Voluntariado
- Cultural
- Mochileiro
- Em casa

HABILIDADES
- Talentos ocultos
- Sonhos antigos
- Desafios pessoais

LOCAL
- Geografia
- Meteorologia
- Política e Religião

PERÍODO
- Curto
- Médio
- Longo

Preparação | *Razão*

Inicie o plano do seu sabático

Dimensões

Social

_____

_____

Profissional

_____

_____

Prática

_____

_____

_____

Questões essenciais

Só ou acompanhado? _____

Dentro ou fora do país? _____

O que quero no pós-sabático?

_____

_____

Planejamento inicial

Objetivos principais _____

Objetivos secundários _____

Tempo disponível _____

Estilo desejado _____

Local desejado _____

Razões para a escolha do local

_____

_____

Verba estimada _____

Data planejada para ida _____

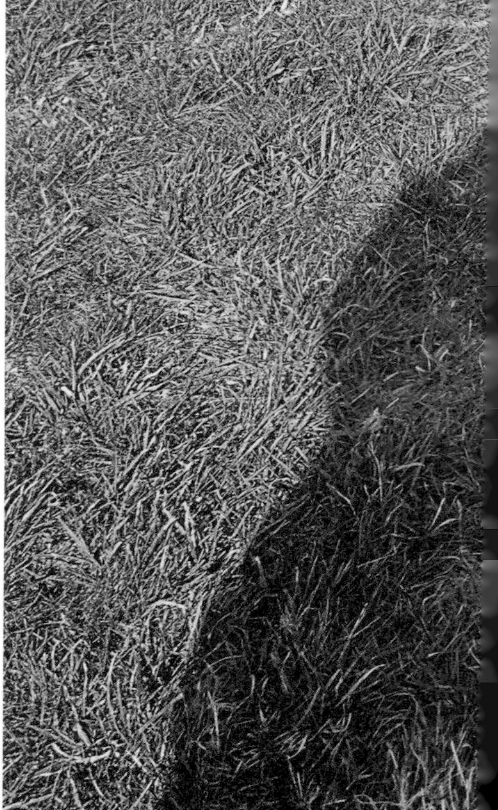

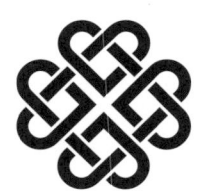

VIVÊNCIA

CORAÇÃO

Quase emo
No estilo emocional confesso

Depois de tantas dúvidas, ansiedades e providências, finalmente chega o momento de vivenciar a experiência. O primeiro dia do sabático é estranho, traz uma sensação indefinida. Um misto de alegria, alívio e orgulho por ter conseguido chegar até ali.

O momento de conhecer o local que será o seu novo lar num período tão especial é inesquecível. Já tinha ido à Europa em algumas ocasiões, mas agora me sentia como uma criança que vai à Disney pela primeira vez. Tudo parecia diferente e eu observava cada detalhe.

Lembro da sensação do vento cortante no rosto ao sair do aeroporto; lembro da simpatia e do sotaque arrastado do motorista irlandês. Lembro até mesmo do carro, coisa que nunca presto a menor atenção. Provavelmente porque o motorista riu ao me ver seguir para a porta direita, que na Irlanda é o lugar do motorista. Apesar de saber disso, a força do hábito me fez errar o lado da porta muitas outras vezes naquele ano.

Dali em diante, ter contato com as novas pessoas, conhecer os encantos da cidade, provar as comidas diferentes, tremer sob a neve, estranhar os hábitos locais. Um simples detalhe parecia uma grande descoberta. Diferentemente das viagens de férias, agora eu tinha tempo para viver cada experiência de-mo-ra-da-men-te.

Toda a tensão do ano anterior e as preocupações com a organização do sabático, grudaram em mim como uma casca dura. Vesti uma armadura invisível e nem percebi. Só no segundo mês dessa vida de total leveza deu-se uma silenciosa transformação.

Comecei a derreter.

Chorar sem um motivo concreto, para mim era novidade. Sempre me emocionei com filmes: chorei até assistindo ao Rei Leão. Mas chorar de alegria por falar com um amigo ao telefone ou ao olhar o céu azul numa manhã de inverno; ah, isso era bem estranho. Foi como se eu estivesse vazando, deixando sair através das lágrimas, anos de pragmatismo e concretude.

O riso também corria fácil. Pegar o visto no consulado ou receber o cartão do banco local eram motivos para grandes comemorações nos pubs de Dublin. Usei inúmeras desculpas como essas para celebrar a vida.

E a cada comemoração, novos amigos, outras festas, programações de viagens onde se conhecia mais gente que convidava para outros eventos e começava tudo de novo. O melhor do sabático: aceitar todos os convites, sem a preocupação de ter que trabalhar no dia seguinte.

Pequenas derrotas também tinham o poder de desencadear emoções exageradas. Cheguei a chorar dentro de um ônibus por uns 15 minutos, ao receber uma mensagem de recusa sobre o aluguel de um apartamento. Rejeições como essa, unidas às dificuldades de comunicação no sotaque local, eram frustrantes e me traziam sensações desconhecidas.

Ao mesmo tempo isso me deixava feliz, porque eu começava a encontrar uma das coisas que tinha ido buscar: os antídotos para o orgulho e a dureza que eu sabia ter me dominado enquanto lutava para ser forte no mundo dos negócios. Mal sabia que esse era só o começo. Que durante aquele ano sabático teria tantas outras emoções, inclusive com pessoas que eu ainda viria a conhecer.

Sensibilidade ativada. Tempo para sentir, entender, esquecer, deixar passar, lembrar com carinho.

Muitas crônicas desse livro foram escritas enquanto eu vivenciava o sabático e outras, como essa, escrevo em retrospectiva. Ao me ler nesse tom confessional, acho que nunca mais voltarei a ser como antes.

É, parece que o que grudou em mim agora foi o estilo emo* de ser.

---

*Aos da tribo urbana Emo, os autênticos, peço desculpas pela comparação. Sei que minha sensibilidade beira o brega. Foi mal.

Um voo no escuro
Consegui escalar porque achava que iria voar

Ninguém aqui tem problema com altura certo? Porque daqui em diante é com vocês. Quando entrar, não tem como voltar, só pode ir para frente.

Foi só quando ouvi essa fala do instrutor que me dei conta do tamanho desafio que estava prestes a enfrentar.

Luzes coloridas começaram a acender, num jogo orquestrado para mostrar a dimensão da caverna. Dez longas tirolesas, separadas por paredões de escalada, travessias sobre cordas, pontes em troncos, trilhas de correntes, abismos de 100 metros.

Eu tentava chegar no parque há dois dias. No caminho superei barreiras como o forte sotaque do inglês falado no País de Gales (bem diferente do britânico de Londres e mais ainda do Irlandês, ao qual finalmente eu estava me habituando), o frio intenso e o fato de ninguém a quem eu perguntava conhecer o parque das tirolesas. As instruções da internet eram escassas, mas me guiaram até a estação de trem, onde um simpático vendedor de bilhetes conseguiu me explicar quais baldeações deveria fazer até chegar na pequena estação de Blaenau Ffestiniog.

Alguns trens depois, cheguei ao parque onde mora a tirolesa mais veloz da Europa. Esperava receber como recompensa um voo tranquilo por seus 8 km, vestida confortavelmente no aparato que te faz parecer um pássaro vermelho.

Acontece que devido às chuvas e às fortes rajadas de vento daquele dia, essa tirolesa estava fechada, sem previsão de reabertura.

Acho que o mocinho que me deu essa má notícia ficou comovido ao ver meu olhar de profunda decepção. Quando eu estava pronta para dar meia-volta, ele me chamou e sugeriu uma alternativa. Havia uma nova atração recém-inaugurada no parque. Eram tirolesas dentro de uma caverna e, sendo assim, não eram impactadas pelo mau tempo. Ele conseguiria me encaixar no próximo grupo e isso custaria apenas 10 libras a mais, porém era diversão garantida.

Aceitei na hora.

Não faria a menor diferença pagar 50 ou 60 libras para quem já tinha gasto tanta energia e tempo para chegar até ali.

- Ônibus do centro de Dublin até o porto.
- Passagem de Ferryboat da Irlanda para o País de Gales, onde desembarquei na cidade de Holyhead.
- Uma noite na pousada em Holyhead, para esperar o trem da próxima manhã, com destino à cidade onde fica o Parque Nacional Snowdonia.
- Duas horas nos trens, com baldeações até chegar à estação Blaenau Ffestiniog.
- Caminhada de 40 minutos da estação até o parque, sob fortes

chuvas e rajadas de ventos próximos a 100km/h.
- Ainda gastaria com uma noite na pousada daquele vilarejo, porque o trem de volta para Holyhead sairia apenas na manhã seguinte.
- Depois teria que fazer todo o trajeto de volta até Dublin, tendo feito a tirolesa ou não.

Como desistir depois disso tudo? N m pensar. E ainda mais uma vantagem. Dentro da caverna não havia uma tirolesa, haviam dez. Muito melhor – pensei.

Agora vamos às surpresas. O mocinho não me informou que para alcançar as dez tirolesas teríamos que encarar uma trilha minuciosamente elaborada para quem busca adrenalina e tem um ótimo condicionamento físico.

Quando fui para a sala de preparo e tive que assinar um termo de responsabilidade, achei estranho mas não me preocupei. Afinal, estava no País de Gales, onde vigora a cultura britânica da formalidade. Também confesso que não li nada. Só assinei rapidamente, pois o grupo já estava formado, me esperavam para começar o treinamento.

Só no momento que vi todo aquele equipamento, suspeitei que não seria assim tão fácil. Um rapazinho lindo entregava para cada pessoa um kit com ganchos, cordas, capacete, macacão cinza, luvas, lanterna e vários mosquetões com a polia para deslizar na tirolesa. Cadê a roupa vermelha para deitar e voar? Não tem. Aqui você mesmo pluga o acessório no momento que encontrar uma tirolesa. Ah tá, entendi.

O grupo passaria por um treinamento de aproximadamente meia-hora antes de iniciar as atividades.

Opa! Está piorando! Trinta minutos só de treinamento? Não pense. Ai meu Deus. Cadê o espírito da coragem? Para de pensar e vai.

Fui.

Um salão da caverna, especialmente separado para o treinamento. Ali aprendemos a manipular os ganchos de segurança, saltar em pequenas rampas para aprender a manusear a polia que nos prenderia às tirolesas, subir escadas em um túnel minúsculo, descer postes, andar sobre cordas. Escalar paredões equilibrados em vergalhões. Aprender a pular certos obstáculos de uma pedra para outra.

O instrutor explicou que haviam dois ganchos de segurança, e que a partir do primeiro engate, nós os manusearíamos todo o tempo. Um só abriria quando o outro estivesse acoplado na guia.

Atenção: "Abre um gancho, tira da guia, passa o gancho pelo sensor, fecha o gancho na guia, faz o clic e só então pode abrir o segundo gancho para se locomover".

Todo o circuito seria assim. Se acaso escorregássemos, ficaríamos pendurados, poderíamos até nos arranhar nos paredões e travaríamos o circuito impedindo a passagem de quem viesse atrás, até que algum funcionário nos resgatasse, mas não aconteceria nada grave. Só um susto.

Agora sim! Pensei. Com essa instrução, ficou bemmmm mais fácil. O pior que poderia acontecer seria passar a maior vergonha, travar o circuito, ter de ser resgatada, não concluir a missão, fracassar, mas nada grave... Ria sozinha, de nervoso e ansiedade.

Todos prontos? Alguma dúvida? Então vamos ao salão principal.

E foi lá que o moço falou a frase que abre esse texto. Escaladas e travessias intercaladas pelo prazer de voos nas tirolesas. Umas longas, outras nem tanto. Breu total e de repente, luzes coloridas nos mostravam os 100 metros de abismo sob nossos pés.

Apesar de termos saído em grupo, cada pessoa esperava o da frente completar uma fase do circuito, numa espécie de fila de arborismo, dentro daquela caverna.

Após uns 20 minutos, o grupo foi se distanciando, cada um estabelecendo o seu próprio ritmo. Totalmente focada no trajeto, só sentia minha pulsação, ouvia o coração batendo nos ouvidos, percebia o sangue correndo junto com a corda fina na qual tentava me equilibrar para chegar no outro lado do paredão de ardósia.

Entrei numa espécie de meditação.

Clic do gancho. Braço esquerdo alcança a guia. Clic do gancho. Pé direito pisa na plataforma. Clic do gancho. Travessia equilibrada em pedaços de vergalhões fincados no paredão. Clic do gancho. Mais uns quatro sensores já vejo a tirolesa. Clic. Clic. Clic. Clic. Tirolesa. Pé na plataforma. Dois ganchos na guia. Engate da polia da tirolesa no cabo de aço. Leio a plaquinha: *"Stop, Check, Go!"* Paro, confiro e vou. Voo.

E todo trajeto foi assim. Voos, equilíbrios, escaladas. Túneis de tecido, paredões com pinos e cordas. Andar, pular, pendurar. Escadas moles, pontes impossíveis, cantos inviáveis. Por duas vezes quase travei. Respirei fundo e prossegui. Aquele espírito veio ao meu encontro. Estou falando sério, uma coragem veio de não sei onde. Adrenalina e superação.

Segui até o fim. O circuito total durou mais de uma hora e meia. A cada dificuldade, a recompensa de encontrar uma tirolesa logo à frente. O prazer de clicar o gancho e soltar o corpo no voo.

Por sorte, eu estava com um bom condicionamento físico, porque tinha me preparado para as trilhas que pretendia fazer no interior da Irlanda. Isso ajudou. Ainda assim, fiquei bem dolorida no dia seguinte.

O mais importante, entretanto, foi o exercício mental. Superar o medo nos momentos críticos da trilha e não paralisar quando achava que não teria equilíbrio, foi a representação material do desafio sabático.

A pessoa é para o que nasce

*Um ditado popular que virou documentário,
que virou filme, que virou ditado novamente*

O título não é meu. Trata-se de um ditado popular que foi usado pelo diretor de cinema Roberto Berliner, num documentário que achei emocionante.

Tudo começou com um curta-metragem. Ele conta a história de três irmãs cegas que cantam e tocam ganzá pelas ruas de Campina Grande, na Paraíba. Até que a produção do curta resolve fazer um documentário e transforma a vida daquelas mulheres, à medida que interfere diretamente nas suas realidades. Uma história contada, que interfere na vida real, que volta a acontecer diante das câmeras. Belíssimo.

O que eu gosto mesmo é da força do dito popular: a pessoa é para o que nasce. Será?

No meu sabático, muitas vezes lembrei dessa frase, ao lutar contra ou a favor de mudanças internas. Buscava qualidades perdidas, que não sabia se ainda estavam lá. Queria entender o que era minha verdadeira essência, antes das mudanças geradas pelas pressões da vida moderna.

Eu sempre fui do tipo introvertido e confundia introversão com timidez. Nem sei dizer o quanto já sofri por isso; ao conviver com os extrovertidos me achava estranha e inadequada. O tempo passou, fui sacando que timidez e introversão eram coisas diferentes e decidi que iria superar a timidez. Sim, era isso que queria: cruzar a fronteira da timidez sem abrir mão da introversão.

Fiz cursos de apresentação em público, aprendi a me expor nas reuniões de trabalho, descobri como fazer amigos usando o meu jeito de ser, sem forçar uma espontaneidade que não tinha. Abri espaço para um pouco de descanso e solidão. Aos poucos fui me sentindo confortável em situações que antigamente me apavoravam. Sempre em busca do ponto ideal.

Se introversão é a minha essência, aprendi a usá-la a meu favor. Fiz da escrita a minha profissão, que por ser uma atividade essencialmente solitária, consigo produzir melhor no silêncio do que em ambientes tumultuados.

Meus amigos sabem que vou a festas e amo as pessoas, mas invariavelmente em algum momento preciso do silêncio para repor as energias. Fazia o mesmo na adolescência quando jogava vôlei (um esporte coletivo) e depois para relaxar, ia patinar sozinha, no meu próprio ritmo.

Durante o Ano Sabático esse autoconhecimento foi bem útil. Ter total flexibilidade e ao mesmo tempo manter sua essência ajuda a focar nos objetivos principais.

Algumas vezes vale testar se os limites expandiram. Durante o sabático, fiz várias viagens curtas pela Europa. Numa delas, para

Viena, na Áustria, viajei sozinha e tentei trocar o silêncio dos hotéis e pousadas pelo movimento de um hostel.

Por azar, tive uma péssima experiência logo na primeira noite. Um dos garotos do quarto coletivo chegou completamente bêbado e passou a noite inteira vomitando no banheiro. Deitava-se, fazia uns barulhos estranhos que saiam por todos os orifícios e levantava de novo, correndo para vomitar.

Eu escondia a cabeça em baixo do travesseiro, mas não adiantava. Foi a pior noite daquele ano. Na manhã seguinte, às seis da manhã, não tive coragem de usar o banheiro. Peguei minhas coisas, fiz o *check-out* e saí em busca de um hotel. Assim mesmo, sem escovar os dentes ou pentear os cabelos.

Por sorte, encontrei um bom três estrelas, disponível a um custo razoável, a três quarteirões dali. Lá me instalei, dormi um pouco e às 9h da manhã acordei renovada, tomei aquele banho gostoso, café da manhã e comecei um novo dia.

Fiz amigos da mesma forma, porque fui a uma agência de turismo e me juntei a um grupo que viajaria pelas cidades que eu havia planejado inicialmente. No final deu tudo certo e o restante da viagem foi incrível.

Sei que não tirei nota 10 no quesito desapego, mas ao menos tentei. Testei meus limites, sigo tentando.

Velhice precoce, juventude tardia

Entrar em harmonia com a frequência natural do tempo

Quando somos jovens, queremos ser adultos. Possuir autossuficiência é o sonho de 9 entre 10 adolescentes rebeldes. Lembro-me que aos 16 anos, eu e a maioria de meus amigos costumávamos achar que aproveitaríamos melhor a vida se pudéssemos gerenciar sozinhos as questões consideradas vitais na época. Eram elas: horários, lugares, viagens, companhias e dinheiro.

Pois não é que um dia olhamos ao redor e vemos que crescemos de fato? Conquistamos o sonho da independência e, com ele, inúmeras surpresas. Algumas verdadeiras realizações e outras genuínas decepções. Essas últimas fazem parte do crescimento, dizem, na tentativa de nos consolar.

Só então percebemos o quanto gostaríamos de ser jovens outra vez. Não sei explicar ao certo, mas algum processo mental faz com que nossa memória apague as aflições, enquanto joga luz intensa sobre as partes agradáveis.

Começamos a lembrar com certo saudosismo daqueles colegas

divertidos, apesar de inconvenientes. Esquecemos os rancores, os desejos de vingança contra o mundo, relevamos até o trauma das espinhas e dos cortes de cabelos ridículos.

Enquanto isso, nossos filhos e sobrinhos nos pegam agindo como eles. Os psicólogos explicam. Já criaram até um novo termo para esse comportamento: adultescência.

Segundo estudos, a adultescência (ou síndrome de Peter Pan) é a super-valorização da juventude e todo comportamento associado a ela. Uma das consequências, ou quem sabe a origem dos adultescentes, é a crescente necessidade de ficar atualizado para permanecer no mercado de trabalho. Hoje somos estudantes eternos.

A boa notícia é que no período sabático você pode se dar ao luxo de ser um adultescente, sem entrar para as estatísticas oficiais. Tem a prerrogativa de viver a juventude tardia para compensar o tempo gasto com a velhice precoce

Eu mesma tinha certo preconceito, confesso, um medo de voltar à rotina escolar. A essa altura da vida me parecia, no mínimo, desajeitado. Afinal, não faria uma especialização na minha área nem um doutorado. O que me propunha era fazer um curso de inglês, rodeada por intercambistas na casa dos 20 e poucos anos. Isso me intimidava.

Uma das minhas metas era entrar em harmonia com a frequência natural do tempo e assim realizar projetos pessoais ligados à escrita e à literatura. Será que voltar a estudar com uma metodologia dirigida prioritariamente aos jovens seria contraproducente?

Não foi. Inclusive foi muito produtivo. Aprendi a lidar com as diferenças e fiz amizades sinceras com pessoas que não teria a oportunidade de conhecer de outra forma. Pude exercitar a humildade e a arte da escuta. Para alguém como eu, que trabalha em comunicação, ter contato direto com os Millennials*, sem nenhuma responsabilidade hierárquica sobre eles (como acontecia enquanto eu era diretora de uma agência de publicidade), foi uma experiência agradável e apaixonante.

Tive colegas de todas as idades e nacionalidades. Franceses, alemães, italianos, coreanos, latinos. A cada semana entravam uns e saiam outros. Professores jovens e muitos deles cansados. Outros cheios de vitalidade, com dicas excelentes sobre livros, museus, viagens. Fui a festas, baladas, pubs. Experimentei lugares e drinks que nunca mais repetirei. Descobri afinidades e interesses que nunca mais esquecerei. Comportei-me como adulta a maior parte do tempo.

A menor parte, não absoluta, foi recheada por pequenas transgressões que só eu lembrarei.

---

*Millennials, também chamados de Geração Y, são os jovens nascidos na era digital, que não conheceram o mundo quando o ambiente "normal" era analógico, como o vivido pela geração anterior.

Identidade cultural versus identidade pessoal

Impossível não refletir, difícil concluir

Conhecer diferentes países proporciona a oportunidade de se aprofundar na história local. E também serve para melhor compreensão da nossa própria cultura. Quando expostos a diferentes hábitos e pontos de vista, fica mais fácil entender se agimos como agimos por uma questão de personalidade ou de influência cultural.

No meu próprio país, muitas vezes tive aquela sensação de não pertencimento, de busca, de estranhamento. Talvez por isso a ideia de fazer o sabático em lugares distantes nunca me assustou. Acho que minhas raízes não estão nas terras, mas nas culturas que as terras dão.

Tenho uma história quase engraçada, não fosse triste, que representa bem a questão cultural: quando eu cursava o ensino fundamental, chamado de primário na época, a bibliotecária chamou minha mãe só para checar se estava tudo bem em casa, pois, segundo ela, ainda estávamos no primeiro semestre e eu já tinha "virado" um cartão inteiro da biblioteca. Ou seja, tinha lido tantos livros em menos de seis meses que ela identificou um desvio de padrão no comportamento visto nas crianças dali. Achou melhor perguntar. Minha mãe que também gostava de ler e incentivava o hábito, achou graça e garantiu que estava tudo bem. Eu brincava normalmente com as outras crianças, não estava passando por nenhum problema psicológico. Só tinha essa mania de ler sozinha no quarto depois do jantar, enquanto a família assistia TV na sala.

Detalhe: ainda tive a sorte de estudar em uma escola estadual que possuía sua própria biblioteca. Um privilégio, se considerarmos que até hoje muitas escolas não as possuem. Só recentemente foi sancionada uma lei que obriga toda escola pública a implantar sua própria biblioteca até o ano de 2020.

O que nos traz de volta ao tema da identidade cultural *versus* a identidade pessoal. Vivemos num país onde claramente temos um problema nas áreas de educação e cultura. A simpatia e extroversão do povo tentam preencher essas lacunas, mas se misturam com o tal jeitinho brasileiro. Até que ponto esse "jeitinho" nos ajudou a superar tantos desafios e descasos políticos? Provavelmente contribuiu com a nossa tolerância multirracial. Mas será que também nos impregnou com a personalidade do malandro que quer tirar vantagem de tudo? Será que esse estereótipo não entristece e envergonha a todos os brasileiros?

Em Dublin, conheci jovens compatriotas com boas condições financeiras, cujos pais financiavam o intercâmbio. Alguns burlavam o sistema de transporte irlandês, numa espécie de apologia à sua suposta esperteza. Eu me perguntava: se ele tem o dinheiro para comprar o ticket e prefere enganar a fiscalização, isso seria uma questão cultural ou pessoal ligada à honestidade? Qual a fronteira entre esses dois valores?

Não chegava a uma resposta, mas via que exibiam essas histórias para os colegas brasileiros em tom de vantagem. Até agora não tenho uma resposta.

No ano do meu sabático, 2015, problemas graves atingiam a Europa, tais como a crise dos refugiados e os ataques terroristas. Novamente questões pessoais reforçadas por identidades culturais, formando mosaicos difíceis de compor e tristes de observar. Por enquanto, nada a concluir, só refletir.

Chega de assunto sério. Afinal estamos no sabático e o que trago, apesar de mais simples, representou fortemente a identidade cultural do Brasil na minha vivência na Irlanda (um país de cultura britânica): a pontualidade – a falta dela.

Sempre fui pontual e invariavelmente espero as pessoas. Pode ser que meu defeito (ansiedade) tenha se tornado uma virtude (pontualidade). Não importa. O fato é que prefiro esperar do que chegar atrasada.

Conheci um suíço que achava o sistema de transporte da Irlanda péssimo, só porque um dia ele teve que esperar 20 minutos pelo ônibus. Quase ri, pensando que esse moço sofreria uma síncope se viesse ao Brasil.

Como tudo é uma questão de referência, para mim o transporte público em Dublin é excelente. Sabemos exatamente qual será o tempo de espera através de um app que funciona perfeitamente, por causa do sinal *wi-fi* 4G disponibilizado gratuitamente pela prefeitura. Além disso, o trânsito é previsível e, na maioria das paradas, há uma tela de LED informando há quantos minutos de distância está a linha que você aguarda. Para quem viveu no caótico trânsito de São Paulo, andar de ônibus em Dublin é quase uma terapia.

Voltando à pontualidade das pessoas, tenho que admitir que nós brasileiros somos os piores. Todas as vezes que alguém se atrasou mais que 10 minutos nos encontros marcados, era um colega brasileiro. Parece que somos incapazes de gerenciar o tempo. Exceção à regra que sou, pelo menos não esperava sozinha, porque tinha amigos de outras nacionalidades aguardando o tal amigo brazuca comigo.

Esse chegava, em média, meia hora atrasado. Com toda a simpatia do mundo, como se nada tivesse acontecido. Nem um pedido de desculpas pelo inconveniente nem ao menos uma mentira boba para disfarçar. Nada.

Só o sorrisão aberto, um beijinho em cada um e vamos embora festar.

Um dia comum
Oi vento, não empurra não

Segunda-feira de uma tarde nublada. Entro no primeiro café que encontro para fugir da ventania. Nós, os pedestres, tal qual formiguinhas desorientadas, éramos empurrados e batíamos desajeitadamente uns contra os outros.

Foi apenas uma rajada que durou menos de cinco minutos, o suficiente para assustar a quem, proveniente de um país tropical, nunca tinha presenciado ciclones, tufões ou algo que o valha.

Ajeito o cabelo, tiro o casaco e arrumo a postura como se nada anormal estivesse acontecendo. Não estava. Todo mundo no café agindo naturalmente, acostumados que são ao clima irlandês. Fico pensando que, se estivéssemos no Brasil, estaríamos fazendo muita algazarra, comentando assustados e, principalmente, fazendo selfies para compartilhar imediatamente nas redes sociais a inusitada experiência. Mas estou em Dublin e cada um segue cuidando de seus assuntos. Ningúem se importa com os assuntos alheios.

Falado assim pode dar a impressão de frieza, mas na verdade

é libertador. Porque não me refiro à falta de caridade ou indiferença em grandes catástrofes. Até porque em assuntos da coletividade, os irlandeses são bem engajados e possuem ótimos projetos sociais.

O que estou festejando é o jeito desencanado do europeu em relação à vida do vizinho. Na Irlanda e em vários outros países que visitei na Europa foi delicioso constatar que cada um se veste como quer, usa o cabelo que acha bonito, maquiagem exagerada ou nenhuma maquiagem, tanto faz. Isso não é assunto de interesse público.

Você pode entrar em um local vestido como o Mario Bross ou calçar um sapato de cada cor: não despertará olhares de soslaio nem tão pouco comentários pejorativos. Cada um que cuide de si. E se alguém comentar, provavelmente será em outro idioma; os falantes da língua do Shakespeare, em geral, têm outras preocupações.

Já estou acomodada em uma poltrona, tomando café em um copo descartável do tamanho de um balde de pipoca. No momento em que escrevo, escuto conversas em diversos idiomas. Além do inglês, reconheço o espanhol, o italiano, o coreano e o português.

Na mesa ao lado, ouço uma conversa animada numa língua que não consigo identificar. Um grupo de indianos talvez; estariam falando híndi, da Índia, urdo do Paquistão, ou, quem sabe, algum dialeto. Como não quero expor minha brasilidade, ao ficar reparando na conversa do vizinho, paro de prestar atenção e volto a me concentrar no meu texto.

Escrevia sobre o quanto é prazeroso estar livre em plena segunda-feira à tarde, cujo único compromisso é decidir sobre o que fazer com o tempo ocioso.

São quatro e meia. Já estudei, almocei, encontrei uns amigos e pretendia voltar para casa quando começou a ventania.

Você vai me entender e compartilhar desse prazer quando fizer o seu sabático.

Se assim como eu (fui), você corre e nunca consegue concluir a lista de afazeres do dia, compreenderá quando digo que fazer um sabático pode ser perigoso: a gente realmente começa a gostar disso.

"O trabalho enobrece."

"Deus ajuda a quem cedo madruga."

Alerta total, perigo iminente: frases que te guiaram por toda uma vida começam a desbotar, estão virando lembranças distantes, enquanto você toma um café sem pressa, numa segunda-feira nublada.

Eternidades e reencontros

Nunca acreditei em eternidades
Sempre acreditei em reencontros

As polarizações não são boas conselheiras. E apesar dessa consciência, muitas vezes me pego lutando contra elas. Principalmente para lidar com o que me dizem eterno: profissões, amores, tatuagens. Não acho que acabam, é só que minha experiência diz que inexoravelmente se transformam.

Até mesmo as tatuagens. Mudam de cor e esticam com a flacidez da pele. Permanecem ali, nunca mais serão as mesmas. Sobre amores e profissões, desnecessário argumentar. Quem já os viveu por tempos consecutivos, provavelmente mudou e foi modificado por eles.

Os reencontros eu adoro. Até porque se as mudanças são inevitáveis, as eternidades impossíveis e se não há nada novo debaixo do sol, alguém tinha que resolver essa parada. É quase uma dança, uma hora a gente se esbarra outra vez.

Um amigo me pergunta se estou encantada com tudo aqui. Receosa em responder com sinceridade e parecer arrogante, digo que estou feliz e satisfeita, o que é totalmente verdade. Só me calo quanto ao fato de não estar encantada. Porque o encantamento é um tipo de magia, que uma hora acaba. Como tenho me debatido com o tema da desilusão e não gostaria de adicionar o desencanto nessa conta, decido me calar.

Hoje prefiro a dor da sobriedade à ressaca da ilusão. Acho a Europa incrível. Temperatura, arte, luz, paisagem, história, natureza. E a despeito disso tudo, as pessoas, com seus medos e sonhos são bastante similares em qualquer parte do mundo.

Sei que vou sentir saudades daqui, como sinto saudades de lá. Antes de vir, sabia que não seria eterno. Sei que os laços que fiz vão se transformar, jamais se perder. E sei também que haverão muitos reencontros.

Enfim, é chegado o fim do ano, me preparo para voltar.

"Nada há de novo debaixo do sol."
Eclesiastes

VIVÊNCIA

RAZÃO

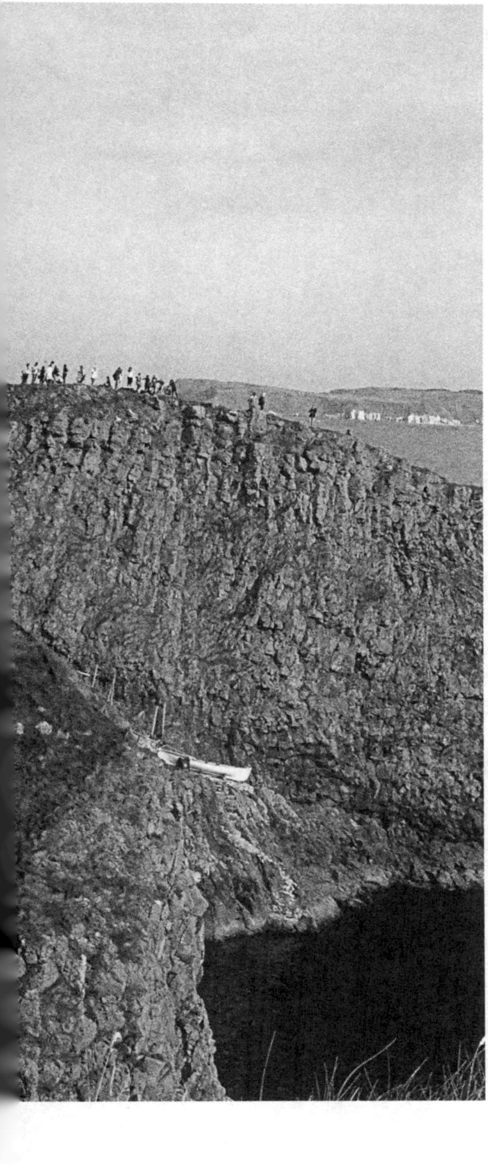

Pergunte a si mesmo

1
Você sabe o quanto está aberto ao imprevisto?
O quanto está disposto a se abrir a novas emoções?

2
Qual sua tolerância ao que não está sob seu aparente controle?
Gostaria de expandir seus limites?

3
Sente que deixou de fazer alguma coisa no tempo considerado "ideal" pela sociedade, mas que ainda queira tentar?

4
O que te orgulha e o que te aborrece em sua cultura, em seus relacionamentos, em sua vida, em si próprio?

5
O quanto gostaria
de vivenciar novos
modos de vida?

Já sentiu vontade de provar
o sabor do ócio?

6
Quais as suas
batalhas pessoais?

Já pensou se há algum
tipo de conflito entre a sua
identidade pessoal e a sua
identidade cultural?

7
Já pensou sobre as
suas polarizações,
os seus desencantos,
as suas ilusões?

Finanças na vivência do sabático
Relatos da vida cotidiana

Na seção Motivação – Razão, na página 36, eu comentava sobre a tentativa de simplificar a vida. Naquela fase, meu racional estava voltado para essas questões porque há tempos a ideia já fazia sentido. Durante o ano sabático, me propus a levar isso a sério. Estipulei a meta de viver com mil euros por mês.

Outra referência que se cruza aqui, está na crônica da página 117, "A pessoa é para o que nasce". Ter privacidade em um quarto individual era uma questão inegociável dentro das minhas limitações. Também achava importante morar em um bairro bem localizado, onde eu pudesse resolver toda a vida cotidiana a pé. Isso custaria seiscentos euros, do total da verba de mil. Dividi os quatrocentos euros restantes, mais ou menos assim:

Alimentação: 40 euros semanais, total 160 euros/mês. Para mim, esse valor era suficiente para uma boa compra no supermercado, com ingredientes para o café da manhã, almoço e jantar, desde que eu mesma preparasse minhas refeições. Veja no final uma listinha com o preço médio das coisas que eu consumia regularmente.

Higiene e Beleza: 30 euros/mês. Com isso eu me virava muito bem com os temas da vaidade feminina. Aprendi a cuidar de unhas e cabelos e administrava o que comprar e o que fazer no salão, sempre dentro dessa verba.

Ainda sobre consumo consciente, aprendi a gostar de brechós. Bem diferente do conceito no Brasil, por lá as peças são doadas seminovas e bem conservadas.

Passado o preconceito inicial, aprendi a escolher e a comprar coisas de qualidade, adequadas ao frio local. Há muitas lojas de produtos segunda mão, espalhadas pela cidade, que revertem a renda para diferentes instituições.

Às vezes a gente está passando e vê uma placa: hoje 50% desconto. Um casaco bem quentinho e lindo, que custava 6 euros, quando entra em promoção custa 3. Alguém pode me dizer, como resistir? Tem horas que é difícil ser forte. Saio em minha defesa: fiz algumas dessas compras por impulso, mas doei para a mesma caridade ao final do sabático. Não trouxe na mala o que nunca usaria no calor do Brasil. Desapeguei.

10 euros/mês no plano básico de celular. Suficiente.

50 euros por semana em Diversão e Arte. 200 euros/mês.

Incluí nesse quesito, além das comprinhas nos brechós, os passeios dos finais de semana, as saídas culturais (museus, parques, exposições, galerias, a maioria gratuita), as festas. Almoços simples custavam em média 15 euros, viagens para cidades próximas cerca de 20 euros com ida e volta no mesmo dia e picnics inclusos, tradicionais no verão europeu. Programas econômicos que viabilizavam a meta de diversão a baixo custo. Na noite de Dublin, o passeio mais comum é a saída para os pubs. O pint da cerveja, (568ml) custa entre 5 e 7 euros. Você pode entrar e sair de quantos pubs quiser sem gastar nada, uma vez que não paga entrada, consumação mínima nem couvert artístico.

DIVISÃO DA VERBA MENSAL	1.000 EUROS
Aluguel	600
Alimentação	160
Higiene e Beleza	30
Celular	10
Diversão e Arte	200

OBSERVAÇÕES
1. É comum (em cidades europeias que recebem estudantes) o sistema de aluguel de quartos. Se tiver curiosidade sobre os preços e estilos em Dublin, dá uma olhada no site Daft.ie. A maioria dos estudantes compartilha quartos a 300 euros. Eu não estava ali como intercambista, portanto não queria morar com jovens nesse perfil. Encontrei uma casa legal que dividi direto com a proprietária, que aliás tornou-se uma grande amiga.
2. Maquiagens, perfumes e cremes, itens caros da cesta vaidade, levei do Brasil e duraram um ano.
3. Não gastei com transporte porque estava a 20 minutos do centro. Só andei de ônibus no

Exemplo de listinha de compra semanal

ITEM	QTD	EURO
Leite	1 litro	1,50
Pão de forma	1 pacote	1,50
Manteiga – 1 mês	1 pote 250g	2,00
Biscoito recheado	1 pacote	1,00
Café solúvel – 1 mês	Vidro 200g	3,00
Frango empanado recheado	4 filés	5,00
Bife Angus Premium	400g	9,00
Hambúrguer temperado frango	400g	3,00
Ovos	Meia dúzia	1,00
Tomates	Bandeja 4	2,00
Alface	Um pé	1,00
Batatas	Bandeja 4	2,00
Iogurte	Pote 500g	2,00
Presunto	200g	2,00
Cream cheese	Pote 200g	2,00
Refrigerante	2 litros	2,00
TOTAL		**40,00**

primeiro mês, quando morava no subúrbio. O bilhete de estudante, válido para 30 dias, custava 107 euros. A viagem individual é cobrada conforme a distância e custa, em média, entre 2,50 e 4 euros.
4. No valor do aluguel estavam inclusos todos os custos de manutenção da casa como internet, luz, água, gás e faxina. Por isso, nas compras eu não tinha itens de limpeza.
5. A lista de compras é básica para mostrar a viabilidade econômica do projeto. Eu substituía os itens semanalmente conforme as vontades e muitas vezes almoçava fora, em restaurantes para estudantes pelo valor de cinco euros a refeição.

Os 45 fatos sabáticos

Acontecimentos, impressões e vida

Decidi incluir na seção RAZÃO (sempre tão concreta e racional), o que chamei de "45 Fatos Sabáticos".

Isso porque, não importa quão tolos ou profundos, todos deixaram marcas indeléveis em mim. Tornaram-se fatos, habilidades adquiridas para a vida pós-sabática. Compartilho com vocês.

1. Desacelerar é uma arte – que se aprende rápido.
2. Na dose certa, a rotina não entedia, direciona.
3. Bacon na Irlanda é uma experiência. Boa.
4. Ligar a TV é apenas um vício. Como é libertador viver sem!
5. Café, um vício que eu não quis abrir mão. Afinal, cada um tem os seus limites.
6. Já o café sem açúcar ou adoçante, possível e prazeroso.
7. E por falar em prazer, vagar pela livraria sem olhar a hora uma única vez... esse ninguém me tira.
8. Tempo livre reativa a memória. Lembrei-me de coisas anti-

gas, crônicas da Tanajura, a formiga cruel dos meus sete anos de idade.
9. Pessoas egocêntricas são cansativas em qualquer idioma.
10. Autoconfiança é arredia. Ela só vem espontânea ao teu encontro quando percebe que você está em paz consigo mesmo.
11. Sobre a chuva: com o casaco certo, a bota adequada, no trânsito organizado, não é motivo para atrasos ou distúrbios na vida de ninguém.
12. Reativar neurônios adormecidos com trabalhos escolares pode até ser divertido. Basta levar a tarefa a sério, sem levar a si mesmo a sério.
13. Jogar conversa fora é bom.
14. Jogar conversa dentro, ainda melhor.
15. Viver o St. Patrick's Day, na terra do próprio, foi um privilégio não planejado. Não era objetivo primário, nem secundário. E se revelou uma das experiências inesquecíveis entre o ano sabático e entre todos os outros anos da vida.
16. Comemorar o aniversário no Marrocos, num ano em que está vivendo em Dublin e reencontrar a família em Madri, após nove meses de saudade. Só então se dar conta de que o sonho de viver outras vidas nessa vida era algo realmente possível.
17. Neve, chuva, vento e sol no mesmo dia. A instabilidade do tempo não espelha o humor dos habitantes da ilha. A única dica: nunca abra um guarda-chuva onde o vento chega a 90km/h.
18. Às vezes, a vida nos apresenta alguém com uma história tão similar à nossa, que até parece uma contraparte criada num país distante. Fácil saber que afinidades já compassadas segui-

rão paralelas, agora unidas por um forte laço de amizade.
19. Outras vezes, conhecemos alguém que, em princípio não identificamos semelhanças; nos aproximamos pelas circunstâncias. Até chegar um ponto em que a amizade se solidifica e não acabará nunca mais, mesmo que cada qual volte para seu país de origem. Fez-se a graça e a leveza da vida.
20. Cada amizade é verdadeira à sua maneira. Há aquela para o cinema, outra para a troca de impressões sobre arte, outra só quer falar de amor. Cada amizade busca em si o seu significado.
21. Temos a oportunidade de transformar, se novo for também o momento e o desejo de conhecer o outro. E de se reconhecer no novo.
22. Poderia ser um anúncio, mas é sério: receita boa contra a enxaqueca da ressaca: comer uma banana antes da cerveja e uma na manhã seguinte, antes do café.
23. Sinônimo de liberdade, digno de se tornar um fato sabático: poder voltar para casa como bem entender. A pé, de ônibus, de táxi, de trem, de metrô de superfície. Cinco opções disponíveis, todas igualmente seguras e agradáveis.
24. Nunca se aproxime de um irlandês, inglês ou escocês, com o qual você não tem intimidade, tocando em seu ombro. Um amigo de lá me confessou que eles odeiam essa mania dos brasileiros. Disse que consideram o gesto invasivo, que ficam constrangidos e incomodados. Ops, acho que cometi a gafe antes dele me avisar.
25. Tudo é questão de costume, dizem. Ainda assim me assustava ao ver criancinhas e cachorros ao volante. Não via, de fato,

porque estava num país de mão inglesa e o volante ficava no outro lado.
26. É útil e simpático aprender a brindar no idioma local. Aprendi o *sláinte* (pronuncia-se algo como sloncthia), o brinde do idioma gaélico, comum nos pubs da Irlanda.
27. Por falar em costumes locais, ao viajar por diversos países, pude constatar a importância das moedinhas e do troco absolutamente correto em qualquer país da zona do euro. Voltei mais criteriosa e atenta aos centavos, mesmo que por aqui seja uma habilidade inútil.
28. Para quem se atrapalha com mapas em papel, a tecnologia da geolocalização foi a invenção do século. Indicaram-me um aplicativo que funciona assim: a gente baixa o mapa antes de viajar e quando chega no local, o app é ativado por geolocalização do celular, nos guiando mesmo que estejamos sem internet. Viva a tecnologia.
29. Gosto de experimentar a gastronomia local, ainda que algumas vezes a experiência seja terrível. Acho que faz parte do ato de viajar, conhecer outros sabores, colocar o paladar à prova, dar-se a oportunidade das sensações estranhas, que provavelmente não se repetirão.
30. Curiosidade histórica é o confronto direto com a triste realidade do passado da humanidade. Constatação de que as belezas da arquitetura, da ouriversaria, da cerâmica, do mobiliário e até das artes foram construídas sobre os pavilhões das mortes e das guerras medievais. Hoje nas fotos os castelos são belos.
31. Há no homem moderno a mesma selvageria daqueles tempos.

Porém, controlada e domesticada, se expressa nas trombadas dos jogadores de *rugby*, no olhar do toureiro disposto a matar e a morrer, no machismo tolo dentro do campo de futebol, no grito uníssono raivoso de qualquer torcida.

32. Ao caminhar pelos parques de Dublin, temos a impressão de que muitas famílias têm filhos gêmeos. De perto vemos que nos carrinhos duplos as crianças são de idades diferentes, porém muito próximas. Acho que as mães irlandesas não querem filho único. Dois ou três no mínimo. Quatro é um número comum por lá. Mães jovens e vaidosas. Pais presentes e participativos.

33. Tem dias que a saudade é tão grande, que a sensação é de fome.

34. Pensava que o *Halloween* fosse uma festa americana. Só ao morar na Irlanda descobri que, na verdade, veio da tradição celta e a origem da palavra é *"All hallow's eve"* que significa "véspera de todos os santos", que marcava o Ano Novo Celta, em 31 de outubro, início do outono no hemisfério norte. Foi levado pelos imigrantes irlandeses para os Estados Unidos em 1840, já com o famoso *"trick or treat"* – travessuras ou gostosuras. Não se sabe ao certo o porquê das fantasias macabras e dos objetos assustadores. Uma das teorias é que os celtas acreditavam que nesse dia os mortos se levantavam para buscar os vivos. As fantasias e decorações eram uma forma de enganar os espíritos. Lendas à parte, foi divertido ouvir o *"trick or treat"*, no sotaque original dos inventores da celebração.

35. E naquela mesma noite, quando fui toda fantasiada para as festas de *Halloween*, fiquei pensando se haviam, ali nos pubs de Dublin, os espíritos celtas querendo nos levar ou pelo me-

nos tentando beber nossas cervejas.
36. No idioma gaélico, a palavra TÁ, grafada assim mesmo com acento, significa SIM. Ganhei um broche TÁ na campanha do referendo popular que aconteceu na época que morei lá. Usei aquele broche quase o ano todo, como símbolo do SIM que disse para a vida, ao decidir fazer esse ano sabático.
37. Um dia, sem esperar, a gente ganha um abraço tão caloroso, que aquela saudade apertada fica suave outra vez.
38. Praias pelo mundo afora, acho que são como gente. Em essência compostas da mesma matéria. No particular, não existe uma única igual.
39. Gente é como praia pelo mundo afora. Mesmo as mais perigosas ou poluídas têm sua beleza particular.
40. Fazer as malas foi um desafio na ida para o sabático. Nas viagens intermediárias fui escolhendo o que levar para economizar nas passagens, mais baratas conforme o peso da bagagem. Aos poucos aprendia a viajar mais leve.
41. Itens básicos nas malas menores: celular com carregador e adaptador de tomada para garantir as passagens eletrônicas, reservas de hotéis, informações gerais, mapas e seguros, tudo virtual. Fone de ouvido é bom. E documentos de viagem, cartão de crédito e moeda local. Para países frios: luvas, meias, cachecóis; casacos e sapatos à prova d'água. Para países quentes: protetor solar, chinelo, boné, camisetas e bermudas. No mais, qualquer coisa esquecida, de roupas a itens de higiene, é fácil comprar e se virar.
42. Não realizei todo o meu *"checklist"* de desejos e, sinceramente,

não considero isso ruim. Hei de voltar.
43. Tentei saber o que mais gostei para escrever aqui. Impossível eleger um dentre o todo. Isso porque a experiência não existe como parte.
44. A experiência é e foi. A experiência está.
45. Malas enormes no começo da jornada. No final, a gente entende que o excesso era mais por medo do que por necessidade.

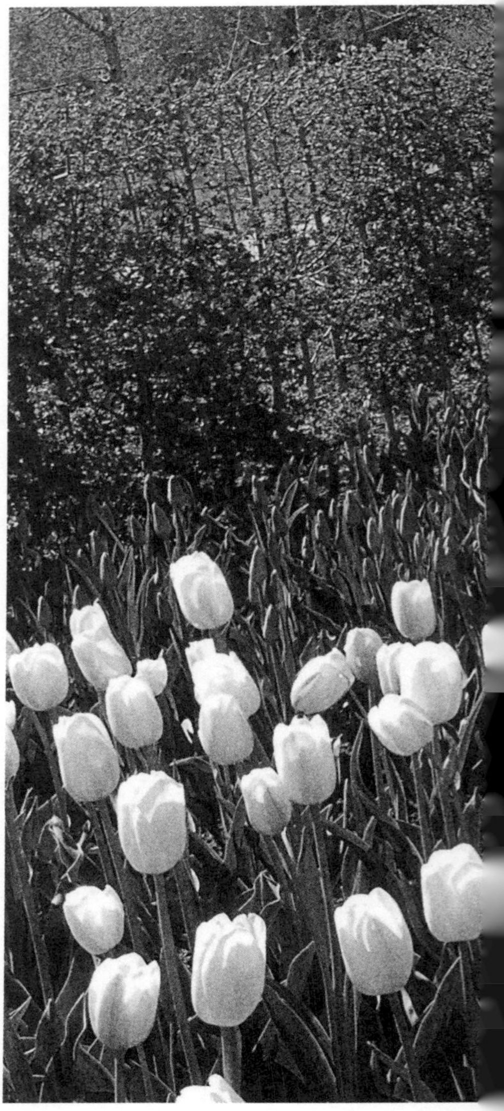

PÓS-SABÁTICO

Campbell explica
E pergunta qual o seu elixir

Voltar de um período sabático é encontrar a viagem real e a metafórica na mesma estação. A mistura entre o que voou no avião e o que voou no pensamento.

Voltar à casa, depois de viver numa ilha distante, é delicioso e assustador. Parece que fica impregnado ali muito da personalidade e hábitos pregressos. Ao retornar, senti essa energia quase que fisicamente num lampejo de angústias e saudades penduradas no quadro da sala.

Um breve momento de susto, curado pelo tempero da comida de mãe, pelo abraço do amigo querido, pelo passeio na avenida, que ganhou um shopping e uma ciclovia no ano da ausência. Cidade pulsante, coração idem. O calor do reencontro com a família; ah, que saudade das pessoas tão amadas. Que vontade de tudo aqui.

O risco é esquecer o que me levou ao sabático. Por que fui, o que buscava e o que trouxe na volta? Entra o Campbell para explicar.

Joseph Campbell, grande estudioso de mitologia universal, literatura e religião comparada, apresentou Os Doze Passos da Jornada do Herói, em seu livro "O Herói de Mil Faces". Nele, o autor descreve a estrutura encontrada nas boas histórias de aventura.

Resumidamente, descrevo os 12 passos.
1. O herói vive uma vida comum.
2. Recebe um chamado, um problema ou um desafio.
3. No princípio, hesita, geralmente por medo.
4. Conhece um mentor ou recebe um sinal ou treinamento especial.
5. Sai da zona de conforto, cruza um portal ou entra em um mundo mágico.
6. Conhece aliados e inimigos.
7. Supera provações.
8. Enfrenta uma grande batalha.
9. Enfrenta a morte e recebe o elixir.
10. Começa a fazer o caminho de volta.
11. Último teste, enfrenta a morte, tem que usar tudo o que aprendeu.
12. Finalmente, retorna com o elixir.

E o que esse roteiro tem a ver com o nosso sabático?

Penso que se pudéssemos comparar, modestamente, os 12 passos do herói com o tempo da pausa estratégica, deveríamos nos perguntar: qual elixir trazer para o mundo na volta?

Eu gosto de queijo, não mais de sol

Uma nova linha no mesmo Atlântico

Paulistana, filha de mineiro que sou, tinha uma grande frustração quando criança. Todos sentavam à mesa no lanche da tarde aos domingos. Café com leite e conversas recheadas por "hum, que delícia esse queijo fresco! Agora prova desse curado, foi a fulana quem fez, bom demais!

Eu querendo compartilhar daquele prazer, tentava novamente: pedacinho de queijo na boca...eca! Parece chulé!

Não conseguia gostar de queijo. Será que minha língua veio com defeito?

O tempo passou e não lembro quando ou como o paladar mudou. Hoje adoro todos os tipos de queijos, desde os frescos insípidos até aqueles duros, azuis ou mofados.

Enquanto o processo de transformação do paladar se dava, vivia os melhores fins de semana na praia. Já apreciava os peixes crus da culinária japonesa, o amargor da cerveja e a ardência das pimentas picantes. Calor e muito sol, estirada na areia competindo com as amigas quem conseguiria a marquinha de biquíni mais forte.

Olhava o horizonte a imaginar o que haveria além daquela linha. Tantos países e culturas a conhecer, povos europeus ou africanos, animais inéditos, idiomas indecifráveis. Esses pensamentos me fascinavam e ainda continuam.

Fui para o outro lado da linha. Em Galway, a oeste da Irlanda, avistei o Atlântico sob uma nova perspectiva, com mais indagações, que de novo me comoveram.

Mas o sol. Ah, o sol! Com esse não posso mais. Aquela sensação de pele craquelada, o suor morno e a queda de pressão. Prefiro a chuva constante de Dublin. Mil vezes colocar e retirar casacos.

Calor agora só da pimenta mexicana e de um abraço apertado. Ou do fogo da lareira, com uma taça de vinho e um bom queijo para acompanhar.

Estamos em obra
Para melhor entendê-lo

O dia amanhece chuvoso. Deleito-me com a repentina lembrança de que ainda não voltei a trabalhar formalmente e que poderei escrever com o barulhinho meditativo da chuva.

Tomo um café forte e vou para o computador. A tela do laptop se acende no exato momento que algum vizinho liga a sua potente furadeira.

Não sei de onde vem. Do vizinho de cima, do lado, não importa. O fato é que chega aos meus ouvidos com a agressividade de um lutador de UFC na disputa do cinturão. Lá se foi o barulhinho da chuva, acabou a mansidão da manhã.

Respiro fundo e tento me acalmar ao refletir sobre os transtornos que as reformas causam. As íntimas inclusive. Se não é possível reconstruir sem causar distúrbios, como minimizar os impactos? Fazer remendos por cima do antigo ou quebrar tudo e recomeçar sobre bases mais sólidas?

Quem voltou desse sabático não é a mesma pessoa que partiu.

Tanto aconteceu, muito aprendi e, ainda assim, estamos em obra para melhor atendê-lo. Entender-me.

Meus projetos pessoais a pleno vapor, em fase de conclusão. Estou nos últimos capítulos desse livro e paralelamente escrevendo o segundo, aquele de contos.

Trabalho agora como redatora *free-lancer*, até que entregue o manuscrito para a editora e então possa resolver os próximos passos profissionais. A empresa em que eu era sócia está bem, apesar da crise brasileira. Eu estou bem apesar do calor tropical.

Transformações velozes dentro e fora de mim. Saudade dos amigos que deixei, reencontro com os amigos daqui.

O futuro? Não imagino o que virá, mas algo me diz que virá com a força dos novos sonhos.

Sabático seu lindo, adeus e obrigada.

Estou partindo, um pouco triste por te deixar aqui e com o coração radiante de felicidade pela oportunidade de ter te conhecido.

Este ano foi especial para mim: desafiador sob certos aspectos e deliciosamente tranquilo sob outros. Foi um ano em que aprendi a olhar o mundo a partir de uma perspectiva ampliada.

Volto com o coração cheio de amor por tudo que vivi em sua casa, com a energia tão especial que habita o seu mundo.

Tenho tanto a celebrar! Cada boa conversa cheia de trocas e desabafos. Cada tarde que brinquei com o ócio em picnics e trilhas que fizemos juntos.

Cada passeio, as nossas viagens, os dias de preguiça, as noites de festa, as manhãs de estudo, as tardes de literatura. Ler, escrever, pensar, agir, repensar, descobrir.

O prazer da convivência com seus amigos, que sempre generosamente compartilhou comigo. Amigos como paz, mansidão, vitalidade, curiosidade.

Nesse período juntos, cada vinho, pizza ou chocolate tiveram um sabor especial. Lembro-me do primeiro jantar na casa da irlandesa que cozinhava deliciosamente e do momento em que as traduções começaram a se fazer desnecessárias. Lembro de cada chegada e despedida desse ano de boas energias.

Levo tudo na memória. Sua amizade é a certeza de que algumas coisas ficarão para sempre. E você, meu querido sabático, é uma delas. Fica a constatação de que é, sim, possível viver outras vidas nesta vida.

Seu Sabático

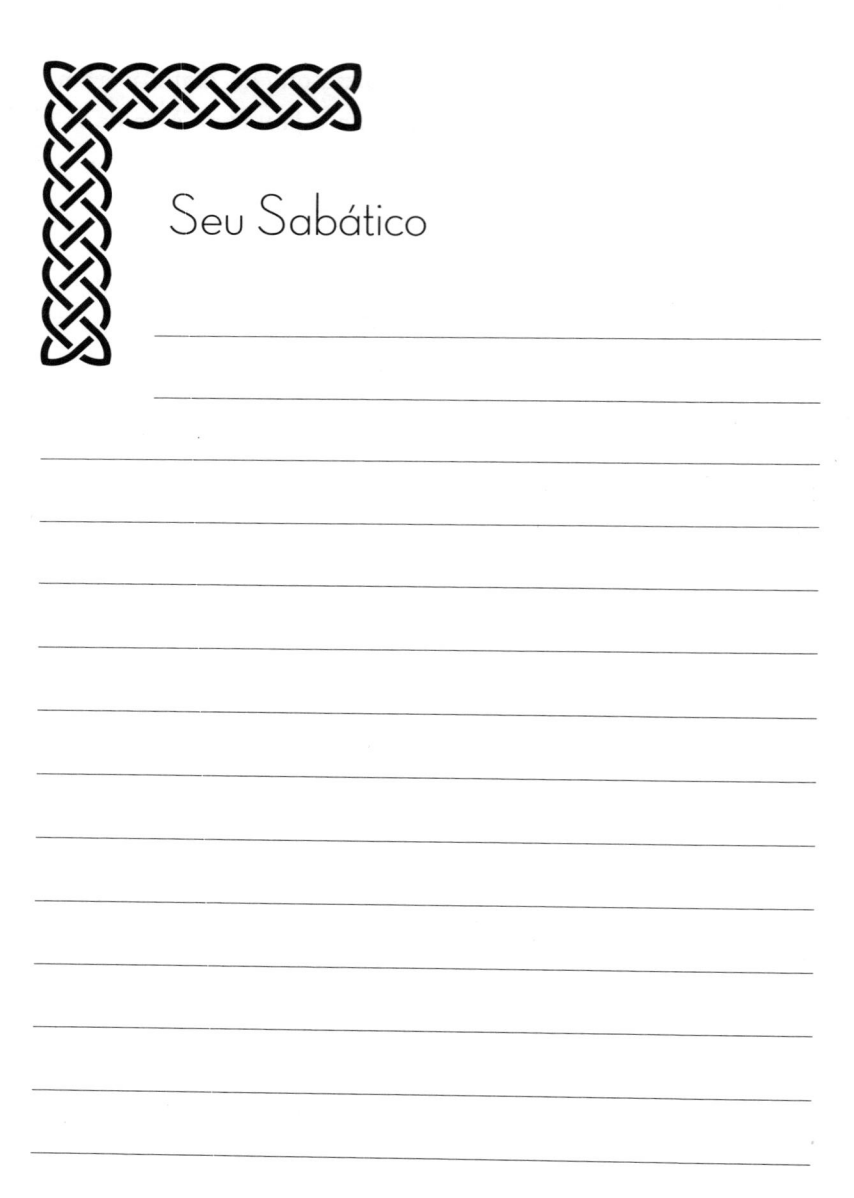